Récits marocains

des mo

Maurice Le Glay

Alpha Editions

This edition published in 2024

ISBN : 9789357963725

Design and Setting By
Alpha Editions
www.alphaedis.com
Email - info@alphaedis.com

Contents

Les Mendiants

A Rabat de la Victoire, *Rbat el Feth*, la mosquée Djama el Kebir occupe l'angle de la rue Souiqa et de la voie plus large qui mène à Bab Chella.

La mosquée est un vaste bâtiment que la présence d'un chrétien ou celle d'un juif n'a jamais souillé. Elle a une entrée sur chaque rue et les portes en sont constamment ouvertes à la dévotion des fidèles.

Quand les Français eurent introduit un peu d'ordre dans l'administration des habous[1], la remise en état de la mosquée fut une des belles dépenses facilitées par ce budget régénéré. Et, à la demande des bonnes gens de Rabat, les entrées furent garnies de vastes boiseries formant écran qui protègent aujourd'hui le sanctuaire contre tout regard impur quand les portes s'ouvrent. Cette précaution était absolument nécessaire en raison du nombre croissant des gens appartenant à toutes les races chrétiennes qui passent continuellement dans ces rues.

[1] Habous, fondations pieuses.

Une latrine infecte se trouve dans Souiqa, juste en face de l'entrée de Djama Kebir. Comme tous les établissements du même genre, cette latrine est de fondation pieuse ; les habous régénérés y jettent aujourd'hui des produits chimiques opportuns et y amènent des eaux qui sont habous aussi. Le marché des peaux et le travail du cuir achèvent de donner à Souiqa une inexprimable odeur qui surprend les profanes, mais à laquelle, somme toute, on s'habitue très vite. Près de l'autre porte, sur Bab Challa, dans l'épaisseur du noble mur de la mosquée, est ménagée une niche formant boutique dont le plancher couvert d'une natte est à cinquante centimètres au-dessus de la rue.

Là gisent sur leurs derrières, à des heures imprécises de jours incertains, un, deux ou trois adoul qui doucement somnolent, causent des choses de l'empire, égrènent des chapelets et parfois aussi écrivent sur leurs genoux des actes judiciaires, consignent, pour leur donner force en justice, les déclarations vraies ou fausses des plaideurs. Tout cela, jours et heures de travail, nombre des fonctionnaires et leur rôle et leur utilité ne semblent avoir pour loi qu'une douce fantaisie. Et si dans cette appréciation le conteur sceptique se trompe, qu'on lui pardonne, car Dieu seul est le plus savant en ces choses et en toutes les autres, qu'Il soit béni et exalté, amen !

Les adoul sont des gens graves, de mœurs douces, sinon pures. Ils sont bien habillés et propres. Ils ne se hissent pas dans leur logette, comme les boutiquiers de Souiqa, à l'aide d'une corde pendant du plafond. Dès que l'un d'eux paraît, le tapis de feutre sous le bras gauche, surgit, on ne sait d'où, un homme muni d'un petit escabeau qui permet aux pieds prudents de l'adel d'amener leur maître dans la boutique. Puis l'homme à l'escabeau rentre dans la foule jusqu'à ce que vienne un autre adel, ce qui n'est jamais certain.

En tout cas, dans leur logette quand ils y sont, à leur travail s'il en est, les hommes de loi ont une sérénité extrême, malgré le bruit intense de la rue, sous les effluves chloridrés de la latrine mêlés aux relents de basane et du filali.

Or un jour qu'ils étaient tous trois réunis attendant qui ou quoi, peu importe, une femme, une pauvresse, vient s'asseoir contre le mur auprès de la *béniqa*. Cet endroit évidemment, en raison des gens qui passent, lui avait plu pour exercer son métier. Elle était jeune encore ; sa figure avait des traits réguliers ; sa personne et ses nippes étaient sales. Contre son sein nu, sur son giron, un petit enfant montrait aux passants deux petites fesses rouges ou un ventre ballonné. Et la femme qui avait une voix timbrée entonna sa complainte qu'elle répéta sans cesse jusqu'au soir et pareillement tous les jours qui suivirent :

Man iatini tamen khoubza ala sidi Abdelqader ben Djilali ! Qui me donnera de quoi acheter un pain au nom de Sidi Abdelqader ben Djilali ?

Les adoul ne manifestèrent aucune surprise, aucun dépit du surcroît de tapage, de la lancinante et triste clameur qui chaque minute retentissait si près d'eux.

Sans même chercher à voir l'être humain qui poussait cette plainte, l'un d'eux, dès le premier cri, répondit machinalement :

— *Allah isahel !* Que Dieu aide !

— *Allah ijib !* Que Dieu donne ! — fit le second adel.

— *Allah inoub !* Que Dieu supplée ! — dit le troisième.

Les musulmans ont une admirable patience à l'égard des pauvres. Jamais il ne leur arrivera de se fâcher de leur présence ou de paraître incommodés de leur obstination. Comme idée, c'est très beau et il faut reconnaître que l'administration française, malgré bien des inconvénients, a respecté cette touchante coutume. Il est peu de villes au Maroc où le paupérisme criard, malsain et repoussant soit aussi heureux qu'à Rabat, séjour normal du Sultan et siège du Protectorat.

De nombreux jours s'écoulèrent au long desquels la mendiante clama sans trêve son appel aux passants. Plus exacte que les adoul, elle arrivait à son poste le matin et ne le quittait que fort tard dans la soirée. Elle variait peu sa complainte, se bornant, quand baissait le jour, à solliciter de quoi acheter une bougie. Car les pauvres en ce pays ont coutume de signaler à la charité ce dont ils ont besoin.

Puis la femme disparut. Les adoul dans leur for intérieur — car ils ne parlaient jamais de la mendiante — s'étonnèrent de ne plus entendre le lamento familier. Un autre pauvre étant venu s'asseoir auprès de leur logette, un des hommes de loi se pencha un peu hors de la béniqa et dit au nouveau venu que la place était prise et qu'il lui fallait s'en aller. Ce geste de l'adel peut paraître singulier ; il est pourtant bien conforme à l'esprit mograbin. La femme dont personne n'avait contesté l'installation en cet endroit avait par sa persistance créé *l'aada*, l'habitude qui devient un droit de jouissance par le fait même de sa continuité.

La pauvresse d'ailleurs reparut. Elle n'avait plus son petit enfant mais il était évident qu'elle en aurait bientôt un autre. Les adoul ne le virent point, car ils ne regardaient jamais la femme. Mais ils entendirent sa complainte où elle invoquait Dieu *fekkak el ouhallat*, celui qui délivre les parturientes et ils lui crièrent du fond de leur boutique, et selon leur disposition du moment, que Dieu aide ! que Dieu supplée ! ou bien que Dieu donne ! formules faciles et économiques qui s'adaptent et répondent à tous les vœux.

Je prie les arabisants distingués qui pourraient lire ces pages de ne pas me jeter à la légère des pierres trop lourdes. L'interprétation que je donne aux exclamations de mes miséreux n'a rien de classique et vous pourriez, Messieurs, m'écraser sous l'amas pesant de vos dictionnaires. Mais pour moi les mots ont le sens que leur donne le populaire. Je ne fais pas profession de rénover les lettres arabes ; encore moins saurais-je me joindre aux efforts accomplis pour restaurer l'Islam. Laissant à d'autres le soin de ces grandes idées, je dis des choses vues de très près, des sentiments étudiés longuement dans toutes les couches sociales d'un monde où le sort m'a jeté. Mes pauvres ne parlent pas comme on le ferait dans une chaire d'arabe littéral, et, quand ma mendiante invoque celui qui *délivre d'un embarras*, j'affirme qu'elle pense à son ventre et à l'embarras qu'il lui cause.

Puis un jour il parut que la mamelle de la mendiante était un peu plus gonflée et une chose entortillée de chiffons gisait et parfois bougeait dans son giron. Et la complainte se modifia.

— *Ya el Moumenine*, ô croyants ! disait la femme ; ô enfants bien nés, vous qui respectez vos parents ! qui nous donnera de quoi acheter un pain ? Celui-là n'a pas de crainte qui se réclame de Sidi Abdelqader Ben Djilali.

Et les adoul comprirent qu'il y avait un musulman de plus sur cette terre. *Allah ou akbar !* proférèrent-ils alors du fond de leur boutique pour glorifier dans ses œuvres Dieu, maître des mondes, qui n'a pas été engendré, qui n'a pas d'associé, Allah clément et miséricordieux !

Puis un autre jour un homme vint et s'assit auprès de la pauvresse. C'était un grand et beau mendiant plein de science mendigote et de vigueur.

— Que Dieu te soit en aide, dit-il à la femme qui répondit :

— En aide à moi et à toi !

— Nous sommes fatigués, reprit l'homme ; je n'ai pas laissé d'invoquer tous les saints de l'Islam. Les musulmans ne sont plus des musulmans. Il n'y a pour nous faire l'aumône que ces chrétiens et les mécréants.

Sa mauvaise humeur ainsi exhalée, il causa posément avec la femme. Il l'avait plusieurs fois remarquée en passant et quelque méditation du génie de son espèce l'incitait à s'approcher d'elle.

— Es-tu donc Qadiriya, lui dit-il, que tu invoques tout le temps Si Abdelqader ?

— Non, j'ai appris ce nom, je ne sais pas quel est ce saint, répondit la femme.

— C'est un très grand saint, dit l'homme, que Dieu soit satisfait de lui ! Mais dès lors qu'il ne s'agit pas pour toi d'un vœu spécial, tu ferais mieux, dans cette ville où il y a tant d'étrangers, d'invoquer les saints qui les intéressent.

— Qui donc me les ferait connaître ? dit la femme.

— Moi, si tu veux.

— Que Dieu te récompense !

— Ainsi, vois ce groupe qui stationne là-bas devant une boutique de chrétien. Regarde l'air gauche de ces grands et forts hommes. Ils ont des djellabas blanches de laine tissée sous leurs tentes et tous un bout de rezza entortillé autour de la tête et dont un pan cache le haut du crâne. Ils se tiennent entre eux par un coin de leur vêtement ; ils ont peur de se perdre ; ils sont curieux et affairés comme des chacals qu'on aurait invités dans un douar. Ce sont des Chleuhs du Djebel Fazaz dont la tribu n'est sans doute pas soumise aux Français. Aussi ne sont-ils pas à leur aise. Ils ont de l'argent, ils sont dépaysés. Ne leur parle pas de Si Abdelqader ben Djilali... essaye plutôt l'Ouazzani... dis comme moi d'ailleurs.

— Au nom de Moulay Abdallah Chérif, au nom de la maison qui est notre caution ! glapit le mendiant[2].

[2] Dar ad domana. — Maison de la garantie, de la caution, nom que l'on donne à la famille d'Ouazzan.

Le groupe des Berbères s'avançait, bousculé par les passants pressés dont il ne savait pas se garer. L'appel au nom de la famille d'Ouazzan ne parut pas les intéresser.

— Ils sont de la montagne tout à fait, dit l'homme, ils ont peu de religion ; il faut tomber juste sur leur marabout à eux.

— Ala Sidi el Ghali ben el Ghazi, cria le meskine.

Le petit groupe s'était arrêté net et chacun regardait prudemment du côté où était venue l'invocation au marabout vivant de leur tribu.

— Je m'en doutais, ce sont des Zaïane, fit le mendiant, tu vas voir.

Et tout à l'affilée il dégoisa, avec l'accent montagnard, les noms de tous les personnages religieux susceptibles d'intéresser ces Berbères.

— Au nom de Sidi Mahdi, et au nom de Sidi Khiri en Naciri, et au nom de Sidi Ali Amhaouch.

A telle enseigne que les étrangers en fraude se crurent découverts et tout de suite se mirent à délibérer. Le plus urgent leur parut de clore en la payant cette bouche indiscrète. Ils s'étaient accroupis tous en rond autour de l'un d'eux qui devait être le trésorier de la bande. Celui-ci fouilla dans une djebira et sortit quelques pièces, sous les yeux soupçonneux de ses compères. Puis, la décision prise et l'aumône faite au giron de la femme, ils se perdirent dans la foule.

— Étonnant ! dit la pauvresse, trois roboa ! ils sont bien riches, ces hommes !

— Non, dit le mendiant, mais ils ont eu peur. N'exagère pas d'ailleurs la fréquence de ces aubaines. Dieu a béni notre rencontre, voilà tout ; qu'il soit loué !

— Tu es très savant, dit la femme ; que faut-il crier pour ces musulmans bien habillés qui viennent ?

— Tu peux leur dire ce que tu voudras, ils ne te donneront rien. Ce sont des commerçants riches d'ici qui vont à la prière. Regarde plutôt pour ton instruction ces gens du Sous. Ce sont des Chleuhs aussi, mais pas les mêmes que ceux de tantôt. Ils sont tous de taille moyenne, leur visage est un peu jaune.

— Et ils ne sont pas vêtus comme les autres, dit la pauvresse.

— En effet, reprit l'homme, ils ont chacun une pièce au moins de leur vêtement empruntée aux chrétiens, qui la veste, qui le pantalon, et ils ont des souliers munis de clous.

— Ils ne vont donc pas à la mosquée ? demanda la mendiante.

— Ils n'y pensent guère. Ils excellent à travailler avec les chrétiens. Ce sont les frères de race de tous les *boqqala*, de tous les *attar*, de tous les petits marchands de la ville. Ils donnent d'ailleurs très volontiers aux pauvres, ajouta le mendiant en ramassant le sou jeté par un des Chleuhs sur le mouchoir que l'homme en s'installant avait étalé devant lui.

— Tiens, voilà des fellahs Zaers, avec leurs ânes ; ils sont dégourdis, ceux-là… ils sont ici chez eux… Ala Moulay Bou Azza ! cria-t-il à l'adresse de ces paysans.

Ceux-ci tout à leurs affaires disparurent sans s'occuper des mendiants. Mais un personnage qui avait une prestance imposante et bénisseuse passait, suivi de deux domestiques. Il dit à haute voix vers l'homme :

— Tais-toi, serviteur d'un mécréant !

— Pourquoi cette injure ? demanda la pauvresse.

— Ce sont des choses qui arrivent, dit le mendiant ; celui-ci est un chérif Kittani. Ce sont des orgueilleux… Il y a une vieille haine entre eux et ceux de Moulay Bou Azza. Il m'a entendu prononcer ce nom, ça l'a mis en colère. Mais nous invoquons tous les saints sans nous occuper de leurs querelles. Dans mon métier il m'en arrive bien d'autres !

— Quel est donc ce métier ? dit la femme.

— Je mendie aux portes des maisons… c'est beaucoup plus difficile que de parler aux passants dans la rue. Il te suffira, en somme, de quelques leçons pour tout savoir.

— *In cha'llah*, si Dieu veut ! fit la mendiante.

— Mais une longue pratique permet seule de connaître ce qu'il faut dire au joint d'une porte fermée pour attendrir les habitants de la demeure. Ce sont les femmes qui nous entendent ; elles sont capricieuses et elles ont aussi des attachements particuliers, parfois tout à fait déconcertants, pour des saints qu'on ne pourrait jamais imaginer. Rien qu'à Rabat et Salé il y a plus de cent *seyid*. Comment s'y reconnaître ? Aussi, à la longue, j'en viens à ne plus invoquer qu'Allah !

— Ala Karim el Kourama ! au nom du plus généreux des généreux ! cria le mendiant interrompant un moment sa leçon pour penser aux affaires.

La femme clamait après lui et, pendant quelques instants, leurs deux voix alternées résonnèrent en cadence rapide dans le brouhaha de Souiqa.

— Au plus généreux des généreux ! Dieu !

Ce que vous faites est pour Dieu ! Dieu !

Qu'Allah fasse miséricorde à vos géniteurs ! Dieu !

Une aumône au nom de Dieu ! Dieu !

Au nom de celui qui secourt les créatures ! Dieu !

Au nom de celui qui nous est cher ! Dieu !

Au nom de l'envoyé de Dieu ! Le Prophète !

Comme passait un groupe de femmes voilées conduites par des esclaves, le mendiant à la coule entama :

— Au nom de ce qu'elles ont dorloté, de ce qu'elles ont allaité, de ce qu'elles ont chéri, de ce qu'elles ont gâté !

Et, sur le geste discret d'une opulente matrone, l'aumône tomba des mains d'un esclave.

— Imagine-toi, reprit l'homme, lorsque tous deux furent fatigués d'un quart d'heure de supplication épileptique, imagine-toi qu'un jour, épuisé d'avoir crié devant des portes closes, énervé, fourbu, ne sachant plus que dire, je gémissais des phrases incohérentes. Il m'arriva à une dernière station d'en appeler au sultan des saints, Sidi Ahmed Tijani. Entendant venir, je répétais l'invocation, lorsque tout à coup la porte s'ouvrit et une vieille m'asséna un grand coup de bâton en me criant : « Le Sultan des saints, c'est Allah ! ce n'est pas Sidi Ahmed Tijani ! » Je te demande un peu de quoi les femmes vont se mêler ! Elles n'ont pas assez de tous leurs saints de la ville et du dehors et les voilà qui s'occupent de Dieu ! Celle-là avait raison, d'ailleurs, j'en conviens.

Puis il reprit sa furieuse kyrielle d'invocations. La femme se joignait à lui en écho de plus en plus stylé.

— Sais-tu, dit l'homme quand ils durent s'arrêter faute de souffle, sais-tu qu'ensemble nous pourrions faire de bonnes recettes ? Toi tu garderais ta place bien choisie ; j'irais moi mendier aux portes ; je t'enseignerai tout ce qui t'est nécessaire ; sais-tu cela ?

— Dieu le sait mieux que moi, répondit la pauvresse.

— Cet enfant gras que tu avais naguère, tu ne l'as plus ?

— On me le prêtait, je l'ai rendu, dit la femme.

— Et ce petit que tu as maintenant ?

— Ce fut écrit et je l'ai enfanté.

— Il n'y a de force et de puissance qu'en Dieu très haut et sublime ! dit l'homme sentencieux et discret. Quelle est ta tribu, femme ?

— Je ne sais, dit-elle ; j'ai grandi dans la maison de Sidi Kebir, l'alem de Fez. C'est une maison pleine de monde. Le maître avait plusieurs femmes et, parce qu'il m'embellit, il y eut de grandes querelles. Pour avoir la paix, il me maria à un de ses esclaves. Celui-ci fut tué par des Beni M'tir un jour qu'il revenait de la forêt d'Azrou avec des mules chargées de bois. Abandonnée aux méchancetés des femmes, je me suis sauvée et suis allée me réfugier chez un chrétien. Le maître m'a réclamée ; il y a eu des discussions au cours desquelles il fut obligé d'avouer au qadi que j'étais *horra*, qu'il n'avait aucun papier prouvant que j'étais son esclave. Alors le chrétien m'a gardée et fait travailler chez lui. Il voulait m'avoir, mais j'ai été à son domestique, musulman comme moi. Puis il y a eu des choses terribles auxquelles je n'ai rien compris ; on a fait une sorte de Djihad. Mon compagnon a tué son maître le chrétien, puis il est parti au pillage et je ne l'ai plus revu. Je m'étais jointe en attendant aux femmes qui poussaient des youyous sur les terrasses. Tout le monde était content, on excitait les moujahidine. Puis les chrétiens sont venus plus nombreux, le canon passait sur les maisons de Fez. Tout le monde s'est caché ; les voisins m'ont chassée, parce qu'ils savaient que j'avais vu tuer le chrétien et ils craignaient que les soldats ne me trouvent chez eux. J'ai erré pendant trois jours, affolée par tout ce que je voyais et tourmentée de faim. Un autre chrétien m'a trouvée évanouie, m'a soignée et m'a fait travailler chez lui. Il aimait la *harira*[3] ; je lui en faisais, mais il la mangeait le soir et non le matin. Comprends-tu cela, toi ? Presque tout de suite d'ailleurs il est parti pour Rabat avec un convoi. Il m'a mise sur une des voitures avec des *Madame Sénégal* qui tout le temps m'effrayaient en indiquant par signes qu'on allait me couper la tête. Mais le conducteur était musulman algérien. En arrivant ici, près de l'oued, il a abandonné la voiture et nous nous sommes sauvés tous les deux la nuit. Nous avons vécu ensemble ; c'était un souteneur et un ivrogne ; il a disparu et je suis restée seule avec Dieu.

[3] Soupe marocaine qui se prend comme petit déjeuner.

— Sa gloire seule est durable, dit le mendiant. Si tu voulais, je t'épouserais et nous ferions à deux le métier, s'il plaît à Dieu.

— S'il plaît à Dieu, dit la femme parce qu'il fallait ainsi répondre, cette forme rituelle de politesse lui donnant d'ailleurs le temps de la réflexion.

— Mon désir est un vrai mariage, dit-elle.

— Un vrai mariage, oui, c'est entendu.

— Alors je suis consentante, dit la femme. Tu connais un qadi ?

— Il est là à côté, dit l'homme, en montrant la béniqa des hommes de loi ; ce ne sont encore que des adoul, mais c'est assez pour nous, malheureux.

— Et s'il faut payer quelque chose ? dit la pauvresse.

— Viens, et laisse-moi faire ; qui flatte paie, tu vas voir.

Et, se levant, le mendiant vint se planter devant la boutique. La femme se mit debout elle aussi et, tenant son petit d'une main, elle se couvrit de l'autre le visage avec son haïk.

— Il n'y a de Dieu que Dieu, dit le mendiant au seuil de la béniqa.

— Et notre Seigneur Mohammed est l'envoyé de Dieu, répondirent en chœur les adoul désœuvrés et somnolents.

— Certes, Monsieur le Qadi, — proféra l'homme en s'adressant au personnage qui siégeait dans le fond de la boutique et qui devait être le plus important des trois, — certes, j'ai résolu d'épouser cette femme. Illustres jurisconsultes, lumières éclatantes de la Justice respectée, nous sommes des gens craignant Dieu et pauvres. Je l'épouserai avec une dot en bon musulman. Que Dieu fasse miséricorde à vos parents ! Je lui reconnais trois douros un quart, que Dieu vous impartisse sa bénédiction ! et aussi ses vêtements et aussi son petit enfant, que Dieu prolonge votre vie pour le soulagement des affligés, savants insignes !

Les adoul impassibles échangèrent des regards lassés et leurs trois têtes se rapprochèrent comme pour une consultation ; mais déjà ils s'étaient compris sans rien dire. Pourquoi pas, après tout ? fut la conclusion de leur pensée commune, confirmée par une satisfaction qui leur vint d'avoir œuvre à faire.

— Certes, ô Messieurs, continuait le mendiant, un petit papier, un tout petit bout d'acte suffira pour des gens pauvres comme nous sommes. Nous le prendrons en passant ; à votre aise, Messieurs les jurisconsultes, vous êtes la lumière de l'Islam, vos enfants…

Mais les trois personnages, les mains ouvertes devant eux comme s'ils lisaient dans un livre, récitaient déjà la *fatiha* qui consacre les accords importants. Le mendiant empoigna la femme d'une main vigoureuse et la fit poster à côté de lui pour que les saints effluves de la parole sacrée lui parviennent à elle aussi… Puis ayant congrûment remercié les notaires, le mendiant s'éloigna et la pauvresse le suivit modestement. Et tandis que les adoul retombaient dans la quiétude, l'homme et la femme portant son petit gagnèrent le grand enclos où l'herbe monte sur des tombes et qui s'étend, pour longtemps protégé contre la rage des bâtisseurs, entre la mosquée blanche et le rempart terreux. Le mendiant y avait creusé sa niche, dans l'angle d'un bastion, à même le mur épais.

Le malin compère vivait là tranquille, à l'abri des chrétiens importuns, sous la double protection des Monuments historiques, qui ont *classé* la vieille enceinte, et de l'administration des habous, gardienne jalouse du terrain. L'homme et la femme entrèrent dans le réduit et derrière eux tomba le rideau en toile de sac qui le fermait.

— Bénédiction et bonheur ! dit alors le mendiant.

— Amen ! dit la mendiante.

Itto, mère de Mohand

NOUVELLE

Depuis une semaine la colonne opérant au sud du Dir n'avait pas vu un ennemi. Deux forts coups de boutoir, l'un vers le sillon du Tigrigra, l'autre vers l'Adrar pierreux des Aït Ourtindi, avaient frappé dans le vide. Et l'on vint réoccuper le camp des Aouinettes où la troupe se reposait et d'où l'on pouvait effectuer très vite le ravitaillement sur El Hajeb sans être obligé de quitter le plateau et de marquer un recul même momentané.

Une pluie glaciale mêlée de neige avait commencé la veille et accompagna la colonne jusqu'à son campement où chacun s'installa, sous une averse brutale, à sa place accoutumée.

L'endroit convenait parfaitement à sa destination. Un mouvement de terrain en forme de fer à cheval dominait suffisamment le pays et entourait une petite vallée où coulait une source abondante. Tout le convoi et la cavalerie trouvaient place dans ce sillon et s'abreuvaient au ruisseau. La troupe garnissait la crête enveloppante derrière des épaulements de terre et de rocaille. Un mur plus important fermait la vallée entre les deux extrémités du fer à cheval. Sur une de ses branches se dressaient la tente du chef de la colonne, puis celles des officiers de l'état-major. Ceux-ci logeaient deux par deux pour diminuer les impedimenta d'une troupe qui devait passer vite et partout.

L'une de ces tentes, proche de celle du chef, abritait les officiers dits « des renseignements », et guides politiques de la colonne en opérations.

On en avait pris deux parce que l'affaire était importante et que les connaissances de ces hommes sur le pays et ses habitants se complétaient efficacement.

L'averse avait cessé ; le nuage était descendu au ras du sol, plongeant le camp et le plateau dans un brouillard intense et glacé.

— La pluie, dit Dubois, est peut-être, d'après le dicton, le repos des militaires en garnison, mais elle est bien pénible pour le troupier qui jambonne à ces altitudes. On a, pour se consoler de tant d'effort, l'espoir qu'une partie au moins du problème est résolue. L'ennemi a reculé et la ligne d'étapes de Rabat à Fez est dégagée. Il nous faudra maintenant aller plus loin pour casser les groupes de dissidents.

— Ce n'est pas démontré, dit Martin ; le vide même où gravite depuis huit jours cette colonne m'intrigue. Nous ne sommes pas ici chez des gens qui, comme ceux de la plaine, font un petit baroud d'honneur et se soumettent. Nous opérons dans une contrée où tout est rude, depuis le climat jusqu'au cœur des hommes, et où le guerrier possède une capacité d'offensive exceptionnelle. N'avez-vous pas remarqué qu'aucun de nos émissaires n'est revenu ?

— Si nous étions dans le bas pays, fit Dubois, je penserais volontiers qu'ils prennent le thé bien à l'abri chez l'adversaire, mais ici nous devons plutôt craindre qu'ils ne soient bloqués quelque part ou égorgés froidement.

— Froidement est le mot, dit Martin en revêtant son manteau. Moi, mon cher, je vais jusqu'au douar du caïd Driss, notre ancien et je crois toujours fidèle jalon politique. Je vais aux nouvelles dont l'absence nous intrigue et nous gêne... pour cette raison même que notre rôle est d'en recevoir, sinon d'en donner. Vous m'obligerez en veillant à ce que nos émissaires, s'ils reviennent, ne soient pas canardés par les avant-postes.

Martin fit détacher son cheval et partit suivi d'un mokhazni. Il avait une lieue à parcourir vers le nord pour gagner le douar, l'unique douar resté soumis. Il perdit un quart d'heure à retrouver dans le brouillard un petit ruisseau qu'il savait devoir le guider jusqu'aux labours du clan. Puis il entendit du bruit dans un fond. C'était un convoi venant d'El Hajeb qui avait quitté la piste et restait en panne dans le nuage.

Martin aida l'officier à retrouver son chemin, puis il reprit son ruisseau et tout à coup tomba sur le douar. Il se fit reconnaître de la voix, et entra dans l'enceinte par une baie dont des femmes écartèrent la herse d'épines.

Le douar était en état de défense, la zeriba doublée d'un mur en pierres plus haut qu'un homme, le troupeau ramassé dans le *tit*, le personnel alerté. Mais il n'y avait là que des vieillards et des femmes. On ne se voyait pas d'une tente à l'autre : alors les habitants s'appelaient constamment ; des chiens, au dehors, hurlaient sans relâche. Les *iarrimen*, les hommes étaient sortis avec le caïd, laissant les vieux qui, farouches, tournaient le long du mur, le fusil ou le couteau à la main, gardant les femmes, les petits.

« Voilà, se dit Martin, des gens qui attendent une attaque. »

On finit par trouver un notable qui parlait arabe : le caïd battait l'estrade, expliqua-t-il, avec les hommes et l'avait laissé, lui, pour commander le douar.

— Donne-moi un guide pour retrouver le chef, dit Martin.

L'homme appela un jeune garçon qui s'accrocha au poitrail du cheval, et le petit groupe dirigé par l'enfant rentra dans le brouillard. Il n'était que trois heures après-midi et il faisait déjà presque sombre.

Le caïd Driss apparut tout d'un coup ; l'enfant lâcha le poitrail du cheval de l'officier et courut s'accrocher à celui du maître. C'était un homme de belle stature, dans la force de l'âge mais un peu empâté d'obésité. Il disparaissait dans un *selham* bleu foncé ruisselant de pluie ; deux fantassins en guenilles couleur de terre tenaient la queue de son cheval. Ils portaient les fusils et les cartouches.

En voyant l'officier, le chef rabattit en arrière son capuchon, montra son visage très plein et rose qu'encadrait un mince collier de barbe clairsemée et salua militairement.

— Salut ! que Dieu te bénisse ! dit l'officier, que fais-tu là, caïd ?

— Ce que tu fais toi-même, mon cobtan.

— Ton pays est bien froid et sombre, on ne voit rien.

— Ce qu'on ne voit pas, on l'entend, fit le caïd.

— Bien ; de quel côté ?

— Ça monte de Goulib et de Tirza par Tizi Oudad, d'autres par Imzizou ; on me dit aussi par l'arbre de Mimigam.

— Bien ; que veulent-ils faire ?

— Je ne sais pas encore, dit le chef, le camp cette nuit ou mon douar.

— Tu n'as pas vu mes émissaires ? demanda Martin.

— Ne les attends pas ; nous en avons trouvé un.

— Montre voir, dit Martin.

Un des fantassins se baissa, ramassa quelque chose dans les pierres et tendit une tête à l'officier.

— C'est Hassou, dit Martin ; je donnerai deux cents douros pour sa tente. Et vos « yeux » à vous ? ajouta-t-il.

— Je n'ai dehors que mon neveu et sa mère ; où les hommes ne passeraient plus, le garçon passera ; là où il échouerait, la femme réussira.

— Est-ce déjà si serré que cela ? demanda Martin.

— C'est serré, répondit le caïd, nous cherchons le petit. Toi, va-t'en et retourne au camp. Dès que je saurai quelque chose je te préviendrai. Moi je reste ici : j'ai vingt selles, trente piétons et j'attends que le convoi soit passé, là en bas. Si tu le peux, active sa marche, j'ai hâte de rentrer à mon douar.

— Rentre alors, le dernier convoi est passé, dit Martin, et merci, caïd !

Le groupe se dissocia et chacun disparut de son côté dans le brouillard.

— J'ai pataugé étrangement pour revenir, disait une heure après Martin à son camarade ; la brume diffuse les bruits du camp qui auraient pu me guider. C'est mon cheval qui m'a ramené.

Puis il lui exposa l'effet de sa démarche.

Il était évident que les dissidents préparaient quelque effort, mais, comme il était inutile de faire alerter sans raison la troupe qui avait besoin de repos, les deux officiers décidèrent d'attendre encore un peu la confirmation promise par le caïd avant d'informer le chef de colonne de ce qu'ils savaient. La nuit était venue tout à fait.

Après le dîner, chacun s'enferma dans sa tente. Le camp fatigué s'endormit. Le nuage avait quitté le sol et la pluie recommença.

Assis sur leurs lits de camp, vaguement éclairés par une lanterne, les deux officiers des renseignements faisaient sur leurs genoux des papiers administratifs. Ils entendaient la pluie qui cinglait la toile tendue et, tout près, le bruit de mâchoire des chevaux broyant placidement leur orge. De temps à autre, Dubois allumait à la chandelle un fragment du *Temps* et le laissait brûler, entre les deux lits, sur le sol où les cendres s'imprégnant d'humidité formaient peu à peu une flaque de boue noire. Il entretenait ainsi sous leur cloche, par un procédé bien connu des blédards, une température tout à fait « vers à soie ».

— Des nombreux services que peut rendre un journal, dit Dubois, celui-ci est le plus appréciable…

— J'ai classé, dit Martin, tous nos journaux de France suivant le nombre de calories qu'ils dégagent. En tête vient…

Une main frappa à petits coups contre la toile qui résonna comme un tambour et une voix dit : « Mon cobtan, c'est une femme. »

Dubois, de sa place, délaça le côté porte et soulevant la toile par un angle démasqua une ouverture triangulaire. La femme annoncée s'y glissa accroupie et considéra les deux officiers.

Elle portait cet âge indéterminable que prend la femme berbère après trente ans. Elle avait dû être belle et sa figure amaigrie exprimait une grande énergie. Une petite croix bleue tatouée au bout du nez indiquait qu'elle appartenait aux Aït Idrassen. Elle était vêtue d'une toile drapée, serrée par une corde à la taille. Une énorme épingle au triangle d'argent fixait à l'épaule droite le pan supérieur de cette étoffe qui plaquait à sa poitrine. Ses jambes étaient, au-dessous du genou, armées de guêtres en tissu de laine très serré et bariolé géométriquement de bleu et de rouge. Des lambeaux de peau de chèvre la chaussaient. Elle était ruisselante, mais n'en paraissait pas incommodée.

— Éloigne l'homme, dit-elle en indiquant de la tête le mokhazni qui attendait dehors.

— Elle parle arabe ; c'est une femme de qualité, dit Martin, après avoir renvoyé le chaouch.

— Elle sent diablement le mouton mouillé, fit Dubois ; qui es-tu, femme ?

— Je suis Itto, mère de Mohand.

— C'est la belle-sœur du caïd, dit Martin, elle est veuve et mère du jeune homme qu'on attendait.

— Pourquoi es-tu venue, femme ?

La Berbère avait sorti de dessous son vêtement trempé une lettre qu'elle tendit.

Le papier était très mouillé mais lisible et tout moite du contact de la chair contre laquelle on l'avait caché. Le caïd annonçait la rentrée de son neveu venu par l'Oued Defali, en plaine. Toute autre voie était coupée et depuis midi les *Ghouara*, les dissidents, glissaient éparpillés, en grand nombre, de toutes les parties du plateau vers le camp. L'ordre était chez eux d'un violent effort qui obligerait la colonne à rentrer à El Hajeb. Ce recul devait encourager à prendre les armes certaines tribus hésitantes de l'arrière-pays. Le caïd terminait en exprimant l'espoir que la femme parviendrait à franchir le cercle qui peu à peu se refermait sur le camp. Sa traduction achevée, Martin considéra la femme dont tout l'être, par l'effet de la chaleur qui régnait dans la tente, s'entourait d'une buée de vapeur.

— Comment es-tu passée ? lui demanda-t-il.

— Je me suis jointe aux femmes des Aït Mguild qui suivent les guerriers et portent des cartouches ; j'ai dit que je venais voir…, c'est notre coutume en somme ; les hommes avancent très lentement et, à une demi-heure d'ici, nous nous sommes mises à nous laver et à jouer dans le ruisseau.

— Brrr ! quelle santé ! fit Dubois.

— Comme nous parlions trop haut, un homme nous a jeté des pierres pour nous faire taire et nous nous sommes dispersées par peur des hommes. Moi, je me suis dispersée de ce côté-ci.

— A quand l'attaque ? demanda Martin.

— Lorsque l'orage éclatera ; ce sont les femmes qui le disaient.

— Il va donc y avoir un orage ?

— Oui, vers le milieu de la nuit.

— Qui commande les Ghouara ?

— Sidi Raho, répondit la femme. Et se courbant en deux d'un mouvement qui, dans sa position assise, dénotait une souplesse singulière, elle baisa la terre devant ses genoux. Puis, jugeant sa mission terminée, elle fit mine de partir.

— On va te donner un abri, dit Martin, tu ne peux courir deux fois ce risque…

— Fais-moi conduire hors de vos lignes et ne t'occupe de rien, dit la femme. Le caïd m'a dit de revenir et le petit m'attend.

— Elle n'a peut-être pas confiance dans notre succès, fit Dubois en riant quand la femme fut partie, ou bien elle veut voir le combat à son aise, en sauvage qu'elle est, du côté qui lui est le plus familier.

Un instant après, le chef de colonne était prévenu de la menace. Des ordres rapides furent donnés à l'utilité desquels personne ne crut. Mais on obéit, toutes les dispositions furent prises et la veille silencieuse commença.

La pluie maintenant se mêlait de neige et par moment de grêle.

Les deux amis rentrés dans leur tente s'allongèrent tout habillés sur leurs lits.

— Je ne pense pas, dit Martin, qu'il soit opportun de nous coucher.

— Moi, je pense, fit Dubois, qu'il faut à ces gens vraiment le diable au corps pour sortir de chez eux par un temps pareil. Avez-vous remarqué, ajouta-t-il, comme cette Berbère s'inclina pieusement en prononçant le nom de Sidi Raho, notre ennemi ? Que se passe-t-il dans l'âme de ces êtres sauvages ? Comment expliquer à la fois cette vénération pour le marabout et la démarche de cette femme venant ici nous prévenir, faisant pour cela plus d'une lieue sous la tempête et à grands risques ?

— La messagère du chef, dit Martin, exécute les ordres de son maître. Celui-ci lutte avec nous contre Sidi Raho tout en l'aimant lui-même beaucoup ; il l'avoue mais ne le manifeste pas. Cette femme, sachant moins discuter ses sentiments, vous les a laissé voir en un geste qui ne manquait pas de grandeur. Des deux côtés de la barricade ces gens sont sincères. Ils cherchent instinctivement, comme tous les humains, une voie vers un sort meilleur et suivent courageusement celle qu'ils croient bonne. Et, dans ces moments de trouble, sans doute souffrent-ils beaucoup ceux qui, pour nous suivre, se détournent du vieux chemin, des vieilles croyances et des longues affections.

Mais il fait trop froid pour philosopher.

— Voici d'ailleurs la tempête qui monte, dit Dubois, c'est l'orage annoncé. Évidemment les Berbères vont attaquer notre front ouest qui reçoit de face la grêle qu'ils auront, eux, dans le dos.

— C'est couru, dit Martin, et vivement il éteignit la lumière, car le premier coup de feu venait de retentir.

Il y eut un silence de quelques secondes, puis une autre détonation, puis trois ou quatre, et très rapidement la fusillade de l'assaillant crépita de tous côtés.

Dubois ouvrit la porte de la tente sur laquelle la grêle fouettée par un vent de bourrasque battait un rappel effréné. Le camp semblait mort, insensible à la double tempête que le ciel et les hommes déchaînaient sur lui.

Et soudain la face ouest, puis très rapidement les autres s'illuminèrent. Dans un fracas épouvantable, où fusils, mitrailleuses et canons, tout donnait à la fois, le camp ripostait.

— Sortons-nous ? demanda Dubois.

— Je n'en vois pas l'utilité, répondit Martin, et ce serait contraire aux ordres reçus : tous ceux qui n'ont pas un rôle dans la défense de nuit sont invités à se tenir tranquilles et à ne pas causer de « poutrouille ». Vous ne courez pas moins de danger dehors que dans votre tente où il ne pleut pas, ce qui est appréciable, et, si vous tenez à regarder la mort en face, il fait trop sombre, vous ne verrez rien.

— Notre rôle est en effet terminé, dit Dubois, nous l'avons rempli en avertissant notre chef. Et ne trouvez-vous pas que c'est un remarquable assouplissement du système nerveux de rester ainsi inactifs, assis, dans cette pétarade ?

— Nous recevons en effet ici, dit Martin, par ces tirs de nuit mal dirigés, plus de balles que les faces mêmes, et voici déjà de fâcheuses gouttières dans notre toile de tente.

Un ralentissement se produisit à ce moment dans la fusillade ; des cris aigus, ces cris berbères bien connus qu'on dirait poussés par des enfants, retentissaient, auxquels d'autres plus graves répondirent.

— Les voilà qui attaquent la face ouest, dit Martin ; ils viennent au contact et les nôtres chargent.

Et, malgré tout leur calme, les deux officiers sortirent de la tente pour tâcher de distinguer quelque chose de la tragédie qui s'accomplissait là-bas, dans l'ombre. Près d'eux passa une troupe d'hommes qui couraient ployés en deux. C'était une compagnie tenue en réserve qu'un ordre lançait en soutien du front accroché. Puis ce fut une autre face dont le feu s'éteignit à son tour ; le corps à corps s'y engageait et pendant quelques instants on n'entendit plus qu'un sourd brouhaha d'où s'élevaient parfois des accents, des cris plus nets et que couvrait de temps à autre le claquement d'une mitrailleuse tirant par saccades.

Enfin la fusillade reprit partout, marquant et précipitant la retraite des assaillants ; puis le feu s'éteignit peu à peu et bientôt le camp tout entier retomba dans le silence.

Des plantons passèrent, apportant au chef les premiers comptes rendus ; et l'on vit assez longtemps encore quelques lanternes qui, dans la nuit opaque et froide, guidaient des groupes imprécis vers l'ambulance du ravin.

— Les Berbères sont tombés sur un solide bec de gaz, diront nos troupiers, fit Dubois en réintégrant sa tente.

— Grâce à Itto, mère de Mohand, dit Martin qui allumait une page entière d'un journal du soir. Je serais curieux de savoir si elle a pu rejoindre son douar.

La Berbère fut retrouvée le lendemain dans le ruisseau où elle avait joué la veille. Une balle lui avait traversé la tête, balle égarée ou balle de vengeance, on ne le saura pas.

En tout cas, ce récit écrit peu après l'incident prolongera peut-être le souvenir d'Itto, mère de Mohand, qui, probablement sans grande conviction d'ailleurs, mourut pour la cause française et ne revit pas son petit.

Le Thé

« Je crois enfin, Messieurs, répondre au vœu de toute la Chambre en adressant son salut à nos braves soldats qui combattent pour la France et pour la civilisation, là-bas dans les sables brûlants du Maroc. »

(Applaudissements prolongés. L'orateur en regagnant sa place reçoit les félicitations, etc…)

Durant replia le *Journal officiel* et le posa dans le casier où il l'avait trouvé et pris par désœuvrement. C'était un numéro datant de trois ans environ et laissé là par quelque prédécesseur. Puis, s'approchant du poêle, il le bourra, tisonna un peu et revint s'asseoir devant son bureau où l'attendaient des paperasses. Au dehors, la neige tombait doucement en grosses floches achevant d'éteindre l'ardeur des sables brûlants dont parlait le *Journal officiel.*

Le commandant Durant était depuis longtemps au Maroc où la mobilisation l'avait trouvé et retenu dans ce poste du « front berbère ». Il avait, pour l'aider dans son commandement, le jeune Dubois, officier des « renseignements », plein de bonne volonté et de jeunesse et, pour cette double raison, objet de l'affection et de l'attention continue de son chef heureux de guider son ardeur dans ce pays à peine soumis, peuplé de montagnards retors et guerriers.

Depuis la guerre, le lieutenant de l'armée active Dubois se doublait de l'officier de réserve Dupont de La Deule, jeune diplomate. Brave jusqu'à la folie, ignorant tout du pays, le sachant, mais désireux de s'instruire, Dupont avait été pris comme officier adjoint par le chef de poste. Celui-ci voulait ainsi tenir en laisse sa fougueuse jeunesse et profiter de ce que ce jeune homme s'intéressait au Maroc pour lui donner des idées utiles.

Depuis que la neige couvrant le plateau réduisait l'activité extérieure aux seules randonnées indispensables, le commandant passait la majeure partie de ses journées dans ce bureau contigu à une autre pièce qui lui servait de chambre à coucher.

Le bureau était vaste ; une sorte d'ameublement indigène assez cossu en garnissait un des bouts. A l'autre extrémité, une installation de tables, de casiers et de chaises rappelait que le maître de ces lieux était un chef chrétien habitué, pour travailler et penser, à s'asseoir sur des sièges élevés et non, comme les Marocains, à s'accroupir sur des coussins et des tapis, ce qui est une des distinctions essentielles qui se peuvent noter entre les deux races.

Ces ameublements voisinaient sans trop de gêne. Les matelas de laine, les tapis du coin musulman s'étalaient à l'aise, comme chez eux. La rondeur engageante des « fertalat » habitués aux contacts épais de postères que n'agite pas la fuite des heures, contrastait avec la maigre et geignante structure des sièges de fortune que la trépidante humeur des chrétiens, toujours pressés, toujours inquiets, forçait vingt fois dans une heure à changer de place.

Un fort poêle, dû à l'ingéniosité de quelque légionnaire, chauffait indistinctement les deux parties de la pièce, tant la française que la marocaine. Et tout cet ensemble de choses disparates, réunies mais non mélangées dans une chambre de commandement, symbolisait assez bien cette « loyale collaboration de tous les instants » où se confondent, dans les discours officiels, l'administration du Makhzen et l'énergie rénovatrice du Gouvernement protecteur.

Au jeune Dupont de La Deule qui s'étonnait de la promiscuité en ce bureau des deux ameublements, Durant avait donné cette explication :

— Pour ma part, je m'accommoderais fort bien du coin musulman, et je vous avoue qu'il m'arrive souvent de méditer étendu sur ces coussins dont la souplesse rend infiniment plus délectable la cigarette des heures d'ennui. Mais je commande ici à des soldats qui ne doivent concevoir leur chef qu'à cheval à leur tête, ou à son bureau en train de dicter des ordres ou d'entendre des rapports. Ces soldats coûtent cher à la « Princesse », à notre douce princesse lointaine. Il faut qu'ils fassent le maximum de travail dans le minimum de temps. Je ne puis leur donner des ordres que j'aurais conçus en me vautrant sur des poufs. Il m'a toujours paru que l'exécution de ces ordres en souffrirait. Et c'est pour cette raison que moi, qui habite et sers mon pays depuis si longtemps en terre musulmane, je me suis toujours défendu de prendre les coutumes indigènes, malgré tout ce qu'elles ont d'attrayant. Nous ne sommes pas une race accroupie, et j'ai cette intuition que nous ne saurions, sans perdre notre supériorité sur ce peuple, adopter sa façon de vivre et ses méthodes de travail.

Malgré tout son agrément, ce n'est donc pas pour moi ni pour vous, jeune homme, que j'ai réuni dans un coin de mon bureau cet ameublement et ce décor indigènes. Appelé par mes fonctions à traiter longuement, avec les chefs du pays, d'affaires pour eux très compliquées, je leur offre, pendant les heures où je les tiens, un accueil et des commodités qui leur font plaisir et les incitent à m'écouter patiemment. Mettez-vous à la place de tel de ces hommes qui aura fait quarante kilomètres à cheval par des sentiers de montagne pour venir parler avec le chef roumi et qui se verrait imposer le supplice de la chaise branlante ? Soyez persuadé que cet indigène, préoccupé de garder son équilibre sur ce siège nouveau pour lui, écoutera mal et répondra sans aucune sincérité. Il sera furieux parce qu'il se sentira ridicule. Tout autres seront ses dispositions et l'effet produit par mes paroles si mon interlocuteur indigène est à son aise chez moi ; notre politique, notre action sur ces gens seront d'autant plus efficaces que la maison du « hakem », du chef français, leur paraîtra plus aimable.

Au jeune Dupont qui objectait que ces indigènes devraient tôt ou tard s'habituer à nos usages et même les adopter, le chef de poste avait répondu :

— Le moment n'est pas propice à faire sur ce point leur éducation. On se bat en France, ils le savent, et les moyens militaires manquent un peu, vous en conviendrez, pour les tenir dans l'obéissance. Ces gens nous couvrent du côté de la montagne contre les peuplades mal connues qui y vivent et que tente continuellement la superbe proie des riches plaines du Nord. Et tout ce que je peux faire de mieux, pour le moment, c'est de les empêcher de partir en dissidence. Je leur apprendrai plus tard à s'asseoir sur des chaises.

Ce jour-là, dans son nid d'aigle, le commandant Dubois avait quelques sujets de préoccupation. Il comparait mentalement les instructions qu'il avait reçues et la situation politique de son poste telle qu'elle lui apparaissait. Ces instructions disaient, d'ailleurs, des choses très justes… Garder le contact avec les populations de l'arrière-pays…, maintenir dans le devoir le rideau de tribus soumises récemment et qui couvrent nos lignes…, observer la plus grande prudence dans les mouvements de troupe…, pas d'engrenage…, ne compter sur aucun renfort.

Les nouvelles qu'il avait du pays environnant répondaient assez mal au postulat officiel. Les tribus de montagne s'agitaient et pesaient sur les fractions soumises de couverture. Celles-ci, tant que la neige épaisse avait blanchi les monts, s'étaient tenues tranquilles, avaient protesté de leurs meilleures intentions. En réalité, et Durant le savait bien, le loyalisme de ces gens était peu sincère et provoqué uniquement par la nécessité de mettre dans nos lignes, à l'abri de la neige, leurs tentes et leurs troupeaux. Or, on signalait que la neige fondait rapidement dans le Moyen Atlas où une vague précoce de chaleur était passée. Ceci faisait présumer un revirement subit des tribus qui, maintenues depuis des mois dans le devoir, pourraient céder aux influences extérieures et s'éloigner de nous. De nombreux indices confirmaient le chef dans la crainte que ce ne fût bientôt. Et ce jour le voyait particulièrement absorbé par cette double constatation que les Beni-Merine — tel était le nom de la tribu douteuse — devaient être sur le point de déguerpir et qu'il n'avait aucun moyen de les en empêcher.

Vieux praticien de ces affaires, Durant était seul, d'ailleurs, à prévoir l'événement fâcheux. Son adjoint Dubois était plein de confiance ; quant au lieutenant Dupont de La Deule, il en était encore à cette période de son éducation indigène où tout plaît et étonne sans inquiéter.

Le jeune diplomate entra chez son chef au plus fort des réflexions de celui-ci. Il venait du « bureau », envoyé par Dubois. Celui-ci l'avait chargé de prévenir le commandant qu'il était en conférence avec les chefs des Beni-Merine venus faire une visite de courtoisie.

— C'est parfait, dit le commandant, mais je pense qu'ils sont venus aussi prendre une tasse de thé…, c'est le moment d'ailleurs. Voulez-vous dire à l'officier de renseignements, votre camarade, qu'il ne manque pas de les inviter de ma part et de les amener ici.

L'officier sortit et presque aussitôt entra Si Othman. C'était un petit homme mince et fluet qui pouvait avoir quarante ans. Ce personnage était le seul représentant du monde makhzen en ce poste déjà haut placé et où ces gens d'habitude évitent d'aller. Sa présence mérite donc d'être expliquée.

A l'époque où les Français commençaient à s'occuper des choses de la plaine, les troupes semi-régulières du Makhzen chérifien — que Dieu lui donne la victoire[4] — garnissaient certains postes avancés à l'orée des plateaux élevés, le long de ce qu'on appelle le « dir », le poitrail, c'est-à-dire la ligne des hauteurs déjà accentuées qui séparent le bled makhzen du bled siba.

[4] Le respect des rites marocains et des formes protocolaires beaucoup plus que la recherche de la couleur locale ont conduit évidemment l'auteur à l'emploi de ces incidentes (*Note des éditeurs*).

Ces troupes étaient commandées par des chefs indigènes, sous la direction de quelques officiers ou sous-officiers français. Leur organisation était très marocaine et, parmi le personnel, se trouvait un iman dont la fonction était de dire la prière dans la tente qui servait de mosquée et, par là, de représenter la religion d'État au milieu de cette population d'aventuriers militaires qui normalement s'en occupait fort peu.

Si Othman était originaire de la région de Marrakch. Il avait quelque peu le type arabe, ce qui est assez rare au Maroc, et, quand on le questionnait sur ses origines, il prétendait descendre de ces Oulad Sidi Chikh qui vinrent d'Algérie, à différentes reprises, se fixer par petits groupes dans le Moghreb.

Ses parents l'envoyèrent tout jeune à Fez, et il y suivit les cours de la grande école de Qaraouiyne. On reconnaît à cet antique centre intellectuel musulman l'honneur d'avoir largement, à travers les siècles, épandu sur l'Occident barbare la lumière d'Islam. Qaraouiyne est le puissant creuset d'où sortirent maints docteurs et jurisconsultes éminents, maints *ouléma*, pour les appeler par leur nom. Nul n'ignore que le rôle de ces personnages fut, à travers les âges, et est encore de maintenir intégrale la sublime orthodoxie de l'école, de faire de l'opposition aux sultans quand ils sont faibles et discutés, de sanctionner de toute leur autorité religieuse les actes des princes puissants.

Si Othman ne devait pas atteindre ces hauteurs. Il était pauvre, inconnu, étranger à la caste religieuse de la grande ville. Il dut longtemps vivoter dans des fonctions très subalternes. Sous le règne de Moulay Hassan, il eut le bénéfice insigne d'être le chef des Moualin el Qalam, c'est-à-dire de ceux qui, accroupis dans une petite loge attenante aux grandes béniqas, taillaient et retaillaient, en forme de style, les roseaux qui servaient aux innombrables scribes du Dar el Makhzen. Une révolution de palais lui enleva cette prébende. Il subit des tribulations diverses et finit, pour vivre, par suivre en qualité d'iman et de muezzin les turbulentes hordes dont le Sultan se servait pour faire rentrer les impôts.

La première réorganisation des troupes chérifiennes faite par une mission française le trouva là. Si Othman connut la douceur des soldes minimes mais payées régulièrement.

Son âme musulmane trouva aussi, au contact des chrétiens impurs, de plus hautes satisfactions. Ces étrangers redoutant pour leur œuvre des résistances fanatiques apportèrent un soin scrupuleux à ménager les croyances de leurs élèves. Étant Français, ils étaient imprégnés de respect pour toute philosophie différente de la leur. Quand les soldats s'aperçurent que le chef distributeur de leur solde voyait d'un œil bienveillant les manifestations du culte, ils s'empressèrent d'y prendre part. Bien mieux, ces mêmes soldats, chargés par le Sultan de pacifier le pays, avaient, deux années plus tôt, détruit de fond en comble, pour en vendre jusqu'aux nattes, la modeste mosquée du petit village attenant au poste. Si Othman la fit reconstruire par la garnison et obtint des subsides de ses amis les chefs chrétiens.

Le pieux et savant Si Othman, le *fkih*, comme on dit ici, sut d'ailleurs rapidement gagner la confiance des officiers français. C'était un homme aimable et doux, d'une politesse arabe recherchée. Il avait un bagage considérable d'historiettes drolatiques, de fables épicées qu'il disait à l'heure du thé avec un calme imperturbable.

Enfin, lorsque l'esprit de révolte vint secouer les troupes marocaines de Fez, il n'eut pas de peine à découvrir, dans la garnison du poste lointain où il vivait, celles des mauvaises têtes qui poussaient les soldats à imiter leurs congénères de la grande ville et à massacrer leurs instructeurs. Il suivit discrètement, mais avec toute la ferveur de son âme musulmane, les progrès de la sédition. Le jour où les conjurés pensèrent à exécuter leurs projets, Si Othman se retira dans sa petite mosquée et à l'heure de l'*asser*, il dit avec une onction particulière l'oraison de Si Ahmed Tidjani dont il était un fervent sectateur. Puis il rentra chez lui où l'attendaient sa femme, ses enfants et le repas du soir. Mais, dans la tiède atmosphère familiale, une idée surgit à son esprit. Le lendemain était jour de paie ; si les soldats tuaient cette nuit les officiers chrétiens, ils s'en partageraient les dépouilles et spécialement les fonds de la caisse du détachement. La solde n'aurait plus lieu, ni celle-là, ni les suivantes. Un quart d'heure plus tard, le chef des instructeurs était prévenu par Si Othman de tous les détails du complot. Des mesures énergiques survenant peu après réduisirent à l'impuissance les agitateurs et calmèrent les autres soldats qui d'ailleurs ne demandaient qu'à rester tranquilles. Le lendemain, la paie eut lieu comme si de rien n'était et Si Othman reçut une discrète mais sérieuse gratification.

Quand les troupes marocaines jugées douteuses furent licenciées, le fkih, dont l'emploi était supprimé, demeura pourtant auprès des nouveaux officiers et continua d'émarger, à des titres divers, aux articles du budget qui font face aux dépenses politiques. On se passait en consigne à l'égard du bonhomme une certaine considération pour le grand service rendu dans une heure critique. De plus, Si Othman, unique personnage d'allure makhzen qui se pût trouver dans ce pays berbère et sauvage, était tenu en grande estime par les gens de la plaine qui, deux fois par semaine, garnissaient le *souq*, l'important marché situé près du poste. Peu à peu il s'était vu instituer arbitre dans les contestations qui s'élevaient nombreuses entre les marchands de langue arabe. Ses avis, exprimés dans la forme de Qaraouiyne, avec toutes les références que lui permettait son instruction religieuse, étaient écoutés et suivis. Cela lui rapportait de la considération et des offrandes matérielles très appréciables. Enfin il rédigeait à lui tout seul des actes d'adoul et il savait admirablement imiter, à côté de son paraphe propre, le *khenfous*[5] d'un prétendu collègue retenu à la ville et que personne n'avait jamais vu. Par ses fonctions qui n'étaient pas officielles mais qui jouissaient du *consensus omnium*, Si Othman rendait de grands services aux autorités de ce poste avancé en assurant la discipline du marché et la tranquillité de transactions toujours chamailleuses. Seuls, les clients berbères du souq ne voulaient rien entendre du fkih qui avait trop l'air d'un citadin et qui parlait une langue trop élevée pour eux. Ils le traitaient de qadi et le fuyaient comme la peste, ne voulant, comme juges à leurs affaires, que les officiers du poste qu'ils ahurissaient de leurs criailleries, mais qui, avec une patience angélique, parvenaient la plupart du temps à les mettre d'accord.

[5] Le cafard, désignation populaire du paraphe compliqué qu'appose le notaire musulman au bas des actes.

La compagnie de Si Othman était enfin précieuse pour les officiers du poste qu'il amusait et instruisait de son répertoire indéfini de fables et de contes où il paraphrasait d'images hardies les faits de la vie journalière. Agent de renseignement très utile et pour ce rétribué, il ne disait cependant jamais, au roumi, la vérité complète ; mais il savait admirablement manier la parabole et y glisser ce qui pouvait intéresser ses chefs chrétiens, à charge pour eux de le comprendre, si Dieu voulait ! Et il s'imaginait ainsi remplir à la fois son devoir de loyalisme envers ceux qui le payaient et son devoir de musulman qui lui ordonnait de se taire.

Si Othman venait donc à l'heure voulue et suivant la *qaïda*, préparer le thé pour le commandant du poste et les invités qu'il pouvait avoir. Il y procédait toujours avec ce soin méticuleux et cette onction sacerdotale que le Marocain des classes instruites apporte à cet acte domestique, en apparence très banal, mais qu'il accomplit comme un rite.

Le commandant, tout entier à ses préoccupations politiques, l'accueillit pourtant, selon son habitude, d'un sourire et d'un mot aimable et, après un échange de politesses, le fkih s'installa.

A ce moment l'officier des renseignements et l'adjoint Dupont entrèrent.

A l'interrogation muette du chef, le lieutenant fit de suite ce compte rendu. Les chefs venaient de partir... ils étaient entrés simplement en passant dire bonjour... ils avaient refusé poliment de prendre le thé prétextant l'heure tardive et le mauvais temps... beaucoup d'entre eux avaient un long chemin à faire pour rejoindre leurs douars...

— Ceci est absolument grave, dit le chef ; le Berbère qui refuse une tasse de thé qui ne lui coûte rien ne le fait pas sans de sérieux motifs... Quelle a été leur contenance ? De quoi vous ont-ils entretenus ? Cette démarche peut cacher une ruse, masquer, par exemple, un recul de la tribu qui se ferait en ce moment même... tandis que par leur présence ici et leur aimable conversation, les chefs ont voulu détourner nos soupçons, nous maintenir en confiance.

L'officier des renseignements n'ignorait pas quelles étaient depuis plusieurs jours les inquiétudes de son chef. Il savait aussi l'impuissance militaire du poste à enrayer par la force un exode et les graves conséquences d'ordre général que devait avoir ce départ en dissidence d'une importante tribu de couverture. Il chercha pourtant à rassurer le commandant :

— On ne pouvait croire à une pareille duplicité chez ces gens simples, dit-il,... et aussi le douar placé par ordre sur le revers du plateau, celui qu'on voyait du poste, le douar témoin était toujours là... il venait de le constater à l'instant même... enfin, preuve, pensait-il, de leurs bonnes intentions, les chefs avaient, au cours de l'entretien, laissé entendre qu'ils voudraient bien avoir l'autorisation de pousser leurs troupeaux plus au nord dans nos lignes. Bien entendu, ajouta le lieutenant, je leur ai dit que je vous soumettrais leur requête qui vraisemblablement serait accueillie...

— Et ils sont partis, reprit le commandant, persuadés qu'ils nous avaient complètement roulés et que leurs troupeaux pourraient librement filer vers le sud, tandis que nous rechercherions pour eux des terrains plus au nord. Cette ruse n'est pas neuve pour moi. Elle ne servirait à rien si j'avais les forces suffisantes pour leur imposer ma volonté. Ce n'est malheureusement pas le cas.

Les deux officiers étaient déconcertés par l'implacable logique de leur chef. Celui-ci d'ailleurs ajouta :

— Mes amis, ne laissons rien voir de nos pensées à cet excellent Si Othman qui nous prépare avec un art consommé la tasse de thé réparatrice ; asseyez-vous, écoutons-le, s'il veut parler ; il y a toujours quelque chose à apprendre pour nous auprès de ces personnages makhzen passés maîtres en politique. Celui-ci n'est pas un des moins fins qu'il m'ait été donné de connaître. Constatez d'ailleurs, ajouta-t-il en baissant la voix, que Si Othman a l'habitude de faire le thé ici même depuis longtemps, qu'il est admirablement renseigné sur les hôtes de la maison. Il n'ignorait pas la présence des chefs indigènes dans nos murs ; ceux-ci n'étaient pas partis encore quand il est entré ici. Voyez, il n'a pas pris le plateau des grandes réceptions ; il n'a rempli qu'une théière suffisante pour notre petit comité, au lieu des deux naturellement nécessaires aux assistants nombreux… Donc, en venant ici, il savait que les Beni-Merine, contrairement à leur habitude, ne prendraient pas le thé… Ce vieux renard en sait long… peut-être va-t-il nous le dire…?

— D'ailleurs, glissa l'officier des renseignements, le fkih a auprès de lui, vous le savez, un orphelin des Beni-Merine qu'il a recueilli ; il a pu, par lui, être renseigné.

— A partir d'un certain âge, répondit le chef, les Marocains du genre de Si Othman ont souvent un petit garçon recueilli ; ils appellent cela en effet un *itim*, un orphelin. En l'espèce, il s'agit d'un espion placé par la tribu auprès de l'homme qui nous approche le plus facilement ; le devoir social, très vif chez ces Berbères, leur a fait admettre qu'un enfant de la tribu puisse, dans l'intérêt supérieur de la collectivité, être l'orphelin de Si Othman. Je ne pense pas que celui-ci ait jamais été renseigné par son petit domestique.

Le commandant s'apprêtait à calmer l'ahurissement où ces paroles plongeaient ses adjoints, mais un « allah » sonore exhalé par Si Othman en un soupir profond mit fin à l'aparté des officiers.

Le thé savamment préparé fumait dans les tasses ; le commandant, prenant celle qu'on lui tendait, dit :

— Si Othman, que Dieu te récompense ! mais dis-moi pourquoi tu soupires si gravement.

— Je ne soupire pas, répondit le fkih, je prononce le nom de Dieu, qu'il soit béni et exalté ! Il est écrit d'ailleurs qu'il faut rechercher la société des gens qui proclament le nom d'Allah et de fuir, au contraire, ceux dont les lèvres ne le prononcent que rarement ou jamais. Tel est le fait de ces montagnards mécréants parmi lesquels je dois vivre ici avec vous.

Le commandant sentit que l'amine s'engageait dans une voie intéressante. Il l'y encouragea.

— Que t'ont fait encore ces Berbères ? dit-il. Si Othman humait bruyamment sa tasse de thé et ne répondit pas. Ce sont des gens, certes, assez frustes, insista le commandant, mais, au demeurant, d'un commerce facile, à en juger par ceux qui nous entourent...

Si Othman restait muet... la lutte peut-être se faisait en lui, une fois de plus, entre son devoir professionnel et son devoir de musulman. Le chef se résigna à parler seul ; Si Othman regarnissait la théière de sucre et de feuilles de menthe pour la deuxième infusion.

— Tu es un homme de science, Si Othman, et certes ton expérience des choses de ton pays dépasse la mienne... tu connais en particulier mieux que tout autre ces Beni-Merine nos voisins, leurs mœurs et leur caractère... Mais vous aussi, hommes de religion intégrale, n'avez-vous pas quelque préjugé exagéré contre ces populations moins éclairées que vous ? Vous les jugez versatiles, peu dignes de confiance...

Le commandant s'exténuait à chercher l'argument qui ferait sortir l'amine du silence où il semblait vouloir se confiner. Si Othman tournait lentement la cuillère dans le mélange sucré et odorant.

— D'ailleurs vos présomptions contre les Berbères ont des limites, poursuivit le commandant. On a vu certains d'entre eux parvenir à des situations élevées dans l'État... Et vous épousez parfois des femmes de cette race... Moulay Hafid n'a-t-il pas épousé la fille du Zaïani ?...

— Celle-là et bien d'autres, dit enfin le fkih, en remplissant les tasses ; d'ailleurs je ne pense pas qu'il ait jamais eu à se louer de ce mariage. Écoute ce qui arriva à un autre au temps jadis.

Un sultan d'entre les chorfa saadiens qui ont régné dans le Moghreb était parvenu, avec l'aide et la force de Dieu, à étendre son autorité sur tous les pays de la plaine. Quand il fut certain que cette autorité y serait de quelque temps respectée, il tourna ses yeux vers la montagne dont le Roi avait refusé de lui rendre hommage.

Le Sultan avait de nombreux soldats et les tribus payaient largement. Il vivait donc dans la joie et l'abondance et il était craint. Le roi de la montagne n'avait rien de tout cela et n'y pouvait prétendre n'étant pas chérif. Ses frères de tribu l'avaient élu un beau jour, sans trop savoir pourquoi, en lui jetant une poignée d'herbe sur la tête, à la suite d'une réunion où l'on avait discuté des choses les plus diverses et qu'il fallait bien terminer d'une façon ou d'une autre.

Le Roi était un homme intelligent et fort. Quand il fut élu, il parcourut les montagnes en disant à ses frères : « Vous m'avez choisi pour être votre chef, votre *amrar*, vous devez m'obéir, puisque c'est votre coutume. » Il leur donna rendez-vous pour le printemps et promit de les conduire dans la plaine contre les Arabes qu'ils chasseraient et dont ils prendraient la place. Sur tous les marchés et dans toutes les villes les Berbères dirent : « Nous avons fait un *amrar*, nous viendrons au printemps prendre vos terres et violer vos femmes, nous arracherons la barbe à vos vieillards et nous garderons vos filles et vos garçons. »

Le Sultan connut ces nouvelles et ordonna aussitôt de percevoir sur les tribus fidèles un impôt extraordinaire.

Le printemps venu l'amrar fit résonner partout le *bendir*[6] pour rassembler les guerriers comme il était convenu. Mais les diverses tribus se disputaient à ce moment pour une question de pâturages et quand, après bien des palabres, le chef élu fut parvenu à les mettre d'accord, le temps propice à l'opération était passé. Le Sultan, par contre, avait avancé ses troupes à l'entrée des montagnes et attaqua celles de l'amrar. Le combat fut terrible et l'on ne put compter les Berbères qui y trouvèrent la mort.

[6] Bendir, tambour de guerre dont le son grave s'entend de très loin.

A la fin de la journée, vers la grande koubba impériale que surmontait une boule d'or et qu'entouraient les tentes de la mehalla heureuse, s'avança le troupeau des femmes berbères qui venaient implorer la pitié du vainqueur. Ces femmes étaient toutes effroyablement vieilles, laides et sales. Elles poussaient devant elles trois petits taureaux étiques destinés au sacrifice expiatoire qu'on appelle la « targuiba ». Elles marchaient en s'arrachant les cheveux, en griffant leur visage et elles proféraient dans une langue barbare des cris épouvantables. Derrière elles, formant un vaste cercle, venaient les cavaliers vainqueurs. L'orbe rouge du soleil couchant faisait étinceler comme de l'or les harnachements makhzen ouvragés d'argent et rendait plus rouge encore le sang qui coulait sur les mors des chevaux et plaquait à leurs flancs. Les cavaliers avaient le torse nu ; leur main droite tenait haut le sabre qu'alourdissaient des têtes coupées, celles des ennemis tués ou bien, tout simplement, celles des camarades tombés près d'eux ; qui sait ce qui se passe sur les champs de bataille, si ce n'est Dieu ? qu'il soit béni et exalté !

Quand le groupe des suppliantes fut arrivé à quelques pas de la grande tente, trois vieilles femmes coupèrent les jarrets des trois veaux, qui s'assirent sur leur derrière et ressemblèrent à des kangourous. Et les femmes, prises d'un délire frénétique de soumission, se roulèrent dans la poussière en criant.

Mais à ce moment s'éleva du cercle des cavaliers une clameur plus mâle : *Allah ibarek fi ameur Sidi ! Allah inseur Sidi !* Que Dieu bénisse notre Seigneur ! Que Dieu donne la victoire à notre Seigneur ! Et sous l'effort des moulinets puissants, les têtes coupées quittèrent les lames sanglantes et, par-dessus le groupe hurlant des femmes, elles roulèrent jusqu'aux pieds du Sultan debout à l'entrée de sa tente. Les petits négrillons arrêtaient du pied les têtes qui roulaient trop loin et, tout jouant, les mettaient en tas de chaque côté de la porte. Et le caïd Mechouar répondait aux clameurs des soldats : « Dieu vous donne la santé, vous dit notre Seigneur ! Dieu vous donne la paix, vous dit notre Seigneur ! »

Le Sultan — que Dieu lui fasse miséricorde ! — assistait impassible à son triomphe. Il fixait le groupe formé par les trois veaux et les femmes suppliantes. Dans la poussière qui s'élevait de ce grouillement, une femme restée debout se tenait bien droite. Ses bras chargés de grossiers bracelets d'argent étaient croisés sur sa poitrine et elle regardait le Sultan qui la regardait. Et celui-ci vit qu'elle était aussi très sale, mais merveilleusement belle.

Sidna se pencha vers son chambellan qui se tenait à son côté et lui dit : « Cette femme, tu la vois ? je la veux. »

Le hajib[7] répondit : « Oui, seigneur. » Et il entraîna son maître dans la tente.

[7] Hajib, maître intérieur du palais, chambellan.

C'était un *siwan* de forme oblongue où le souverain se tenait pour recevoir ses ministres et les visiteurs. Derrière se tenait l'*afrag*, c'est-à-dire le campement impérial, ses grandes koubbas et les nombreuses tentes de la suite chérifienne. Dans le siwan se trouvait un siège formé de deux coussins carrés placés l'un sur l'autre et sur lesquels le Sultan s'installait les jambes croisées. Des tapis couvraient le sol. Assise sur l'un d'eux, la tête appuyée contre les coussins du trône, la vieille Lalla Ftouma, la nourrice, regardait par la large ouverture de la tente ce qui se passait au dehors et louait Dieu.

Le hajib était un fkih, un savant de grande valeur, qualités rares dans cette fonction qui exige surtout une grande dose de servilité. Il avait une sérieuse influence sur son maître, parce qu'il connaissait très bien la politique de tribu dont, en général, les gens du Makhzen se soucient fort peu. Heureux les chefs qui, chargés de tractations diverses avec les populations berbères, ont auprès d'eux un ami connaissant bien les coutumes bizarres de ces gens !

Le commandant ne manqua point de saisir l'allusion que faisait Si Othman à sa présence et à son rôle dans le poste. Il acquiesça d'un sourire, tandis que le conteur, pour juger de son effet, prenait le temps de humer une gorgée de thé.

— Tu charmes nos oreilles et notre cœur par ton récit, ô fkih, dit le commandant, et tu fais revivre à mes yeux des choses que j'ai vues au temps où je conduisais moi aussi les mehalla chérifiennes.

— Oui, répondit le fkih, mais tu ignores le cœur d'une femme berbère et c'est là l'objet principal de mon récit.

Le hajib donc savait fort bien qu'il faut toujours commencer par dire oui à son maître. C'est ce qu'il fit, en réponse au désir du Sultan de posséder la femme aux bracelets d'argent. Mais, parvenu dans la tente, il expliqua longuement que les Berbères, ignorants de la loi sainte, obéissent à des coutumes choisies par eux-mêmes, ce qui est évidemment une abomination, mais à quoi l'on ne peut rien. Parmi ces coutumes, il en est une qui donne aux suppliantes un caractère sacré, une intangibilité absolue :

«Toutes les femmes qui sont là devant toi doivent revenir chez elles sans dommages, dit le hajib à son seigneur, et ces tribus farouches contre lesquelles il est inopportun, crois-moi, de risquer ta fortune souriante, ces tribus qui ont abandonné leur amrar et l'ont laissé battre, descendraient en foule de leur montagne animées du plus terrible esprit de vengeance, si elles apprenaient qu'une seule de ces mégères a subi la moindre insulte... tes soldats d'ailleurs le savent bien.

« — Tu as probablement encore raison, dit le Sultan, mais je puis au moins parler à cette femme !

« — Certes », dit le chambellan. Sur un geste, deux hommes à bonnets pointus se précipitèrent et, saisissant chacun la femme d'une main à l'épaule et de l'autre au poignet, la poussèrent raidie dans la tente.

Le Sultan, qui s'était assis sur les coussins, la contempla longuement. La passion, l'inquiétude aussi s'emparaient de son cœur et instinctivement sa main chercha la tête de sa nourrice accroupie à ses pieds et, quand elle l'eut trouvée, se crispa dans ses cheveux grisonnants.

La Berbère étant femme devina les sentiments qui agitaient l'homme terrible devant lequel on la traînait. Elle parla la première :

« — Nous ne sommes pas de même race, moi et toi.

« — Qui es-tu ? demanda le Sultan ; femme ou vierge, tu n'as rien à craindre et je changerai en or tes bracelets d'argent.

« — Je suis la fille de celui que tu as vaincu, je suis la fille de l'amrar ; je suis venue pour donner l'exemple, entraîner et encourager les autres femmes et pour sauver mes frères de la tribu. Je ne crains rien…

« — Renvoie tes sœurs et reste ici », dit le Sultan dont la voix tremblait et se faisait humble.

Sur un signe du chambellan, les mokhazenis qui tenaient la femme la lâchèrent et disparurent. La nourrice, s'agrippant au genou de son maître, cherchait à se hausser jusqu'à sa poitrine comme pour le protéger ; mais la main du Sultan la repoussait.

« — Je repartirai avec mes sœurs, dit la femme, je retournerai chez mon père, je lui dirai…

« — Tu lui diras, interrompit le chambellan qui était un fin politique, tu lui diras que la miséricorde de Dieu est infinie et grande la puissance du Makhzen. Tu lui diras que Sidna[8] a distingué la plus humble de ses sujettes et que la fille d'un amrar a été jugée digne d'entrer dans le harem — que Dieu y maintienne l'ordre et la pureté ! Pour préparer le mariage, Sidna va retourner, avec son immense et glorieuse armée, dans sa ville de Fez et quitter vos montagnes sauvages. Sidna consent à arrêter le cours de ses victoires et à sceller, par une union heureuse, une trêve éternelle avec les nobles habitants de ces déserts. »

[8] Sidna, notre seigneur, appellation normale du chérif couronné.

Le ministre était un homme sage. Il ne se souciait pas de laisser son maître s'engager plus longtemps dans cette guerre de montagne. Il n'ignorait pas non plus que la démarche de soumission faite par la tribu propre de l'amrar était probablement une feinte destinée à arrêter la marche de la mehalla, à laisser le temps aux légions berbères d'accourir à la rescousse. Il voulait que le Sultan restât sur ce succès. On avait assez de têtes coupées pour garnir les créneaux aux portes de la ville, ce qui est le signe habituel de la victoire, signe, en tout cas, dont les citadins veulent bien avoir l'air de se contenter. On dirait aussi que l'amrar avait acheté la paix en offrant sa propre fille. Tout le monde serait content, à commencer par le Sultan qui sauverait sa face et gagnerait un joujou plaisant. Et le chambellan préparait déjà tout un plan de campagne, pour acquérir les bonnes grâces de la nouvelle favorite.

Le Sultan comprenant que, pour sa dignité, il en avait déjà trop dit et trop laissé voir, se taisait. La nourrice glapissait doucement : « Prends garde, mon tout petit enfant ! » et se serrait contre les coussins. Le hajib, à peu près sûr de l'effet de ses paroles, demanda :

« — Que répond la fille de l'amrar ?

« — Je repartirai avec mes sœurs, nous enterrerons nos morts et nous pleurerons sur eux ; le bendir réunira les Aït ou Aït[9] et ils verront que les soldats du Makhzen ont quitté le Dir et sont rentrés chez eux. L'amrar dira aux gens : Vous êtes toujours des hommes libres et j'ai associé mon sang au sang des chorfas... »

[9] Aït ou aït, expression berbère signifiant les enfants des enfants, autrement dit : « les gens de notre race ».

Le Sultan ne put réprimer un geste de joie en écoutant cette acceptation. Le hajib, d'ailleurs, continua :

« — Alors les envoyés iront chercher la fille de l'amrar ; ce sera une harka somptueuse qui portera de riches présents pour l'épousée et sa famille...

« — Elle portera aussi, reprit la Berbère, les têtes des deux mokhazenis qui à l'instant ont mis la main sur moi, sur la fiancée du chérif !... »

Cette exigence inattendue effara quelque peu. La nourrice piailla : « a ouili ! a ouili ! » Le Sultan baissa les yeux. Il lui en coûtait évidemment d'envoyer au chef des rebelles les têtes de ses serviteurs. C'était une humiliation.

Le chambellan intervint pour dire simplement : « In cha'llah » si Dieu veut ! La fille répondit : « In cha'llah », puis, d'un bond qui dénotait un jarret solide, elle sortit de la tente et rejoignit le groupe de ses compagnes.

Tandis que les trois veaux finissaient de mourir sous le couteau des bouchers, les femmes s'éclipsèrent dans la nuit. Comme une bande de singes, sautillant au ras du sol entre les tentes de la mehalla heureuse, elles gagnèrent la brousse. Dans le *siwan*, d'où le hajib était sorti discrètement, le Sultan resta seul avec sa nourrice. Sa joie se mêlait d'amertume et d'anxiété ; il se sentit malheureux de ses faiblesses et se laissant glisser de son siège impérial, il se fit tout petit à côté de la vieille femme.

« Ya Lalla ! Ya Lalla ! que penses-tu de tout cela ? »

Et comme la vieille ne répondait pas tout de suite, il se fit câlin : « Lalla, petite maman, ton sultan croira que tu es fâchée, réponds-moi, voyons ! Dis-moi quelque chose.

« — Je ne suis, dit la vieille, que la plus humble de tes esclaves.

« — C'est connu, dit le Sultan, et après ?

« — Après, continua la nourrice, toi tu n'es qu'un imbécile.

« — Allah ! soupira le souverain.

« — Quel besoin était-il, conclut la nourrice, de nous amener cette peste au Dar el Makhzen ? Enfin je serai là…!»

Le Sultan qui s'attendait à une semonce plus sérieuse se garda bien d'insister. Il cacha sa tête dans le giron de la vieille femme et, fatigué des émotions diverses de cette journée, ne tarda pas à s'y endormir.

Au dehors, le vaste camp de la mehalla victorieuse rougeoyait de mille feux. Les soldats mangeaient les moutons pris aux Berbères. De tous côtés résonnaient les *guimbri* et les *tar*; on entendait les chants des femmes et les mélopées criardes des éphèbes. Par moment, éclataient brusquement dans la nuit les cris que poussaient les hommes de garde pour se tenir éveillés et pour rassurer la mehalla. Il y en avait, de ces hommes de garde, accroupis partout, au gré des chefs, et ils faisaient un vacarme épouvantable, clamant l'un après l'autre ou tous ensemble, d'un bout à l'autre de l'immense camp, pour empêcher les soldats de dormir ; car la mehalla a peur la nuit ; la nuit est en effet la chose terrible pour une mehalla et celle-là était en bordure du pays berbère ! Ces hommes donc criaient : «Nous sommes à Dieu et c'est lui que nous invoquons !» Et les moqaddem qui se promenaient avec une trique à la main criaient à leur tour : «Dja ennebi ! Voilà le prophète !»

Le Sultan revint à Fez et, pour fêter sa victoire, décida de lever sur les tribus soumises une contribution extraordinaire. La mehalla y fut employée et le mariage eut lieu parmi les fêtes. Les juifs gagnèrent beaucoup d'argent à vendre au Makhzen quantité de bijoux et de vêtements, non seulement pour l'épouse nouvelle, mais pour les autres aussi. Et l'on sut que la fille du roi de la montagne s'appelait Heniya, ce qui veut dire «la paisible». Ceci ne trompa personne, car tous ceux qui ont épousé des Berbères savent que cette sorte de femme possède, en général, un cœur de démon dans un corps d'acier.

Quand il eut défloré celle-là, le Sultan fit consacrer la chose par un acte d'adoul et attribua un douaire à sa nouvelle épouse. Mais, malgré toute la tendresse dont elle était l'objet, Heniya restait distante et hautaine. Son impérial amant s'affolait de ne point conquérir le cœur de celle qu'il aimait de plus en plus. Quand il était trop triste, il battait tout le monde autour de lui et il ne voulut plus voir sa nourrice dont les sortilèges se montrèrent incapables de fondre la pierre que la Berbère avait dans le cœur.

Bientôt, par son maître dompté, la Berbère régna sur le Dar el Makhzen qu'elle remplit de ses frères et sœurs de tribus sentant le mouton, et les Fasis, qui sont raffinés et portés à la critique, dirent : «Nous avons un makhzen de Bédouins !»

Heniya restait, par ces gens, en relation constante avec sa tribu et avec son père. Les courriers allaient et venaient ; la Berbère passait des heures entières à rêver et à sentir des paquets d'herbes aux odeurs sauvages qu'on lui apportait de ses montagnes.

Or, un jour où le Sultan s'efforçait de toucher le cœur de celle qu'il aimait par toutes sortes de belles promesses, Heniya, se faisant pour la première fois câline, lui dit :

« Ta générosité, Sidi, me remplit d'émotion ; mais j'en suis déjà comblée, et mon désir aujourd'hui sera simple. Une femme est venue de chez nous ; c'est une vieille dont les chansons ont bercé mon enfance ; ordonne qu'elle pénètre ici devant toi, devant moi. Elle chantera encore et, à ces accents lointains qui me sont chers, je m'endormirai, comme cela, dans tes bras. »

Le Sultan frappa dans ses mains. L'esclave qui gardait la porte se précipita, reçut l'ordre et aussitôt la femme entra.

Il fallait vraiment que le Makhzen fût tombé bien bas, car jamais ne se présenta devant le chérif une chose aussi laide. Ce n'était qu'un amas de loques surmonté d'un énorme paquet de chiffons roulés. Là dedans, on distinguait vaguement une figure émaciée, des membres en bois et des pieds si durs que la plante en faisait clac clac sur les dalles. Le Sultan d'ailleurs, les yeux fixés sur sa femme, ne vit rien ; il n'entendit pas davantage, le pauvre, ce que chanta la vieille horreur devant lui, ni les réponses d'Heniya, car tout cela se passa dans une langue qui n'est pas celle de Dieu, qu'il soit béni et exalté !

La vieille chanta trois mélopées, et peu à peu la paisible Berbère se blottissait, de plus en plus douce, aux bras de son époux charmé. A la fin, la vieille scanda rapidement des mots barbares sur un rythme étrange… Les bras du Sultan se refermaient sur l'aimée qui écoutait avide, les yeux clos :

« La lame claire tressaute sur l'enclume qui chante !

« L'aguelman[10] sans fond a rejeté des ossements de morts ;

[10] Lac de montagne.

« La foudre a fendu les deux grands cèdres d'Ichou Arrok ;

« Les signes sont apparus, les Aït ou Aït se comptent.

« *Taammart*[11] aux Aïch t'alaam, dans l'Adrar des Imermouchen ;

[11] Assemblée en armes.

« Dans l'azarar des Idrassen aussi ;

« Ceux du Fazaz sont déjà rassemblés.

« Taammart à Tafrant Iij pour ceux d'Amras et de Tiouzinine ;

« Les Imzinaten de Tioumliline ont fait alliance avec les Immiouach du marabout ; ils ont donné la main aux gens de Tabaïnout.

« Assemblées aux Siqsou et à Tafoudeit.

« Partout la lame claire tressaute sur l'enclume qui chante !

« Les courriers volent de l'orient au ponant.

« Les hommes libres sont venus trouver l'amrar et lui ont dit :

« La lame claire tressaute sur l'enclume qui chante !

« Tu nous as promis de chasser tout ce qui n'est pas nous dans le Moghreb.

« Tu as promis de nous donner leurs terres, leurs troupeaux, leurs femmes.

« Mets-toi à notre tête et allons !

« La lame claire tressaute sur l'enclume qui chante !

« L'amrar a répondu : « Quand j'ai voulu, vous ne m'avez pas suivi ;

« Aujourd'hui ma tente et mon cœur sont vides ;

« L'oiseau est prisonnier dans une cage d'or dans la plaine ;

« Si je renverse la montagne sur la plaine, j'écraserai la cage d'or.

« Et moi je te dis de la part de l'amrar :

« Il faut que l'otage revienne, que l'oiseau s'envole.

« Car sous le marteau l'enclume chante et la lame tressaute !

« L'amrar s'efforcera de retenir la montagne tant que l'oiseau sera dans la cage d'or ! »

Et Heniya que le Sultan croyait endormie répondit à la vieille sur le même ton et avec le même rythme rapide, sans se dégager de l'étreinte amoureuse de son maître :

« Va-t'en et parle à l'amrar. Dis-lui : Une plume d'aigle fut emportée par le vent, et la cigogne des plaines l'a prise pour garnir son nid.

« Mais les aiglons sont venus en grand nombre.

« Ils ont rempli le nid et trouvé la plume.

« Ils vont l'emporter.

« Va ! fais vite et sois sans crainte. »

La vieille sorcière disparut et Heniya, subitement transformée, s'abandonna pour la première fois douce et caressante dans les bras du Sultan, qui la crut pâmée d'amour alors qu'elle était ivre d'espérance.

Le lendemain, il se passa au palais des choses terribles. On trouva les gardes ou ligotés ou poignardés. Au petit jour, les Berbères de la suite de Heniya s'étaient rués sur le personnel endormi, avaient envahi les écuries, enlevé les plus beaux chevaux et par la porte de l'aguedal, avant que la moindre tentative ait pu être faite pour l'arrêter, la Berbère prit la fuite entourée et suivie de ses fidèles montagnards. Elle et eux, tous barbares, étreignant de leurs jambes nues les chevaux du Makhzen, disparurent dans un galop effréné qui, en deux heures, les mit à l'abri dans les défilés du Djebel Kandar.

En apprenant ces graves événements, les gens de Fez qui sont raffinés et frondeurs fermèrent leurs portes, s'insurgèrent contre le Sultan et réclamèrent des privilèges.

Le conteur s'arrêta là ; le thé était bu et la nuit toute proche.

Le commandant, qui n'avait pas perdu un mot du récit, prit la parole :

— Que Dieu te bénisse, Si Othman ! Mais, dis-moi, cette Heniya dont tu viens de nous dire l'histoire n'était-elle pas fille de cette tribu des Beni-Merine qui vivait sous notre autorité un peu en otage ?

Le fkih se leva et dit :

— Béni soit Dieu qui t'a fait perspicace !

Puis prenant congé, il se dirigea vers la porte. Avant de sortir, il se retourna vers le commandant :

— J'allais oublier de te dire... fit-il, tu connais cet enfant que j'avais recueilli ? Ce matin je l'ai envoyé au douar chercher du lait ; il n'est pas revenu. Que Dieu le juge !... Je l'aimais comme mon fils.

Et grave, ayant achevé de révéler à sa façon la dissidence des Beni-Merine, il chaussa ses socques pointus et sortit dans la nuit.

Les Youyous

A Marrakch la rouge, ce soir-là, les trois amis étaient réunis dans la maison de Messaoud El Biod le concussionnaire.

Le Makhzen — que Dieu le fortifie ! — avait saisi cet immeuble et d'autres aussi, mis l'homme en prison, jeté ses femmes et ses enfants à la mendicité, vendu ses esclaves. Le peuple stupide avait ricané : « Allah ! son heure est finie », puis avait oublié le ministre hier obéi et redouté.

C'était une habitude passée depuis longtemps dans les mœurs. Les grands devenus trop riches ou importuns étaient ainsi dépouillés par le gouvernement de ce qu'ils avaient enlevé au peuple.

Le makhzen des Français — que Dieu le fortifie aussi ! — a d'autres méthodes. Mais en venant au Maroc, comme il fallait bien commencer d'une façon ou d'une autre, il prit les situations telles qu'il les trouva et stabilisa le tout. Des gens qui n'ont pas eu de chance sont ceux dont la fortune tourna avant cette époque mémorable. D'autres au contraire sont restés riches et honorés. Mais Dieu seul est juge de ces choses et de toutes les autres.

Donc les trois amis avaient dîné ce soir-là dans la maison d'un homme déchu de son importance. Cette demeure devenue « bien makhzen » avait été mise à leur disposition provisoire. Elle était construite dans le style banal, utile pourtant à perpétuer pour l'enchantement des touristes : cour intérieure carrée, avec jardin creux doté d'une vasque, le tout flanqué à chaque bout d'une pièce longue, étroite, effroyablement ornementée de plâtres et de carreaux de faïence. Le reste de la maison comportait un escalier mal compris, coupé de recoins inutiles et conduisant à des chambres, les unes trop basses de plafond, les autres sans jour, puis à une terrasse où l'on respirait enfin d'échapper au cubisme incohérent de cette incommode bâtisse.

Les hôtes de la maison, réunis à l'heure du repas dans une des grandes pièces donnant sur le jardin, étaient Dubois et Martin, capitaines, et le *toubib* de l'assistance indigène, le docteur Chrétien. Et les deux premiers sermonnaient le troisième.

— Docteur, disait Martin, quel est encore cet affreux bonhomme que j'ai vu couché sur votre lit de camp ?

— C'est un musulman famélique et toqué qu'il a trouvé dans la rue et qu'il ressuscite peu à peu, répondit Dubois. Car le toubib dédaignait de répondre aux affectueuses critiques de ses compagnons.

C'était un homme imbu d'idées singulières, au moins selon le jugement de notre époque. Il pensait qu'envers ceux qui souffrent il n'est point de limites au devoir de charité. Il avait une horreur instinctive de tous ceux qui sont riches ou détiennent l'autorité. Il reniait les formes officielles de la morale du siècle et n'aurait pas quitté le grabat d'une prostituée malade pour le chevet d'un prince de ce monde. Celui qui lui avait donné ces sentiments l'avait en même temps gratifié d'une santé et d'une vigueur physique merveilleuses, ce qui lui permettait de faire le bien avec plus de continuité. Il était inconscient de la plupart des choses que nous croyons nécessaires à notre dignité. La science et le soulagement qu'il en tirait pour autrui absorbaient toute sa pensée. Il était fruste de manières, mal habillé et incapable de flatterie. Ses supérieurs avaient pour lui du dédain et de la colère.

— Docteur, continuait Martin, je vous défends d'aller en plein midi, par quarante-huit degrés à l'ombre, faire uriner des vieux juifs du Mellah dont la santé, si intéressante qu'elle soit, m'est moins chère que la vôtre.

Le médecin versa dans les tasses un café qu'il avait préparé lui-même.

— Il est bon et fait avec soin, dit Martin, mais je voudrais vous voir, toubib, apporter une égale attention à votre tenue. Un pantalon de treillis et une capote de légionnaire sont un vêtement insuffisant pour votre grade. Vous avez fait ainsi toute la route de Rabat à Marrakch. Comment employez-vous votre solde ?

— Elle fond au feu de charité qui le consume, continua de répondre Dubois ; il n'a jamais le sou ; et à vous, qui êtes chef de détachement, je dénonce que notre docteur s'est fait des bretelles avec des bandes à pansement, ce qui est une criante dilapidation de matériel appartenant à l'État…

La nuit était lourde et chaude ; des bouffées d'air brûlant venaient du jardin par l'immense porte aux battants bariolés grands ouverts. De plus, les volutes de poussière rouge qui, chaque soir, montent en tourbillons allongés de la plaine du Guiliz retombaient doucement de très haut sur la ville et venaient aggraver d'un goût terreux la sécheresse des lèvres. C'était la fâcheuse nuit de Marrakch quand il n'y a plus de neige sur l'Atlas.

On était en 1912, une année qui avait vu de graves événements marocains, les émeutes de Fez, l'instauration du protectorat, l'occupation de la capitale du Sud après la fuite d'El Hiba.

Le docteur écoutait le sermon de ses amis dont l'énergie critique languissait d'ailleurs par l'effet de l'heure pesante. Aucun bruit ne venait de l'immense ville, si ce n'est, parfois, des bribes de youyous poussés par des femmes en quelque fête voisine.

A l'autre bout du jardin, une forme blanche se détacha du mur blanc et, onduleuse sous les fines branches des menus jasmins, s'avança vers la grande pièce éclairée où se tenaient les trois amis. Ceux-ci, en silence, regardaient approcher cette chose, et quand elle arriva sur le seuil en pleine lumière, ils virent que c'était une femme : un visage d'enfant dans des étoffes blanches.

Son regard vague ou peut-être aveuglé par la lumière se posa incertain sur le groupe des officiers assis autour de leur petite table, puis, soudain, les aperçut. Alors sa main preste disparut dans une grande manche du vêtement, en ramena une étoffe de soie noire et la femme, avec une agilité de doigts singulière, s'en coiffa. Chez les filles de Sem la chevelure est une nudité.

Dubois et Martin virent passer devant eux cette apparition inattendue qui alla vers le docteur, fit le geste de lui baiser l'épaule et revint au seuil de la porte où, muette toujours, elle s'assit les jambes croisées. Et, dans le silence, Martin proféra d'une voix un peu étreinte de curiosité angoissée :

— Qu'est-ce que c'est que ça ?

Le docteur, accoudé sur la table, regardait la femme et son visage exprimait l'effort d'une attention professionnelle intense.

— Ça, dit-il, c'est une femme qui a peur. Puis, allant au-devant de questions nouvelles, il continua :

— Elle sort de quelque coin où vous ne l'aviez pas vue. Elle est arrivée ici avec moi et, dans l'immense cohue de la mehalla chérifienne, elle a passé inaperçue parmi toutes les femmes juchées sur les mulets de transport. Elle est venue ainsi de Fez en passant par Rabat. Elle est folle et je la soigne.

Elle est folle, mais non méchante. Elle est, au contraire, docile et ne parle que si on l'y invite. Mais elle a peur, peur jusqu'à la folie, et son instinct la pousse à se rapprocher de moi quand elle pressent la crise qui la jettera dans la démence. C'est ce qu'elle a fait en quittant le recoin de cette maison où elle habite et en venant ici. Cette femme sera probablement folle à lier dans quelques instants.

Les deux camarades du médecin regardaient tour à tour celui-ci et la femme immobile. La façon étrange et inattendue dont se terminait la soirée les intriguait jusqu'à l'angoisse, sensation qu'accroissait, sans doute, la pesanteur étouffante de cette nuit torride. Leur première pensée fut de se retirer et de laisser le médecin à sa malade. Mais la curiosité l'emporta et aussi l'amour-propre de réagir contre l'impression pénible déjà ressentie, contre celle plus forte encore à laquelle ils s'attendaient.

— Continuez, docteur, fit Dubois et dites-nous pourquoi cette femme a peur.

— Vous devez comprendre l'intérêt que j'attache à l'étude de ce cas, reprit le toubib. L'intérêt médical n'est pas seul en jeu d'ailleurs, comme vous allez vous en rendre compte.

Cette malheureuse était servante à Fez chez notre camarade, le capitaine X…
qui trouva la mort pendant les émeutes du 17 avril dernier. D'après tout ce
que j'ai pu savoir, à ce jour, elle a cherché à sauver son maître en le guidant,
de terrasse en terrasse, à la recherche d'une maison hospitalière qu'ils ne
trouvèrent pas. Elle a donc pris sa part de l'horrible calvaire. J'ignore
comment elle a pu elle-même éviter la mort. Juive de race et servante d'un
chrétien, elle était pourtant toute désignée à la fureur stupide de cette
population fanatisée et voyant rouge. J'ai retrouvé dans les archives du
Conseil de guerre qu'elle avait dénoncé avec une extrême énergie les assassins
du capitaine.

— Elle n'était donc pas alors, fit Martin, dans cet état de mutisme prostré où
nous la voyons aujourd'hui ?

— Certainement non, reprit le docteur, et sa folie ne vint que bien après, car
elle eut la singulière énergie d'aller, un mois plus tard, assister, cachée dans
les roseaux de Dar Debibagh, à l'exécution des meurtriers. Elle fut trouvée là
par un spahi du service de garde qui l'en chassa et la poussa jusque dans un
sentier où je passais. Elle s'accrocha au poitrail de ma selle avec une telle force
que je dus descendre de cheval pour la faire lâcher prise. Je l'avais vue chez
son maître et la reconnus. Elle me dit : « Ils sont tous morts sauf un », puis
tomba en syncope. C'est cet « un » échappé à notre vindicte dont la menace
l'inquiète. Et ceci aggrave d'une terreur insurmontable la dépression générale
causée par l'excès d'horreur dont cette femme fut témoin.

— Elle redoute probablement la vengeance des musulmans, dit Martin.

— Ce n'est pas douteux ; aussi l'ai-je gardée auprès de moi et conduite
jusqu'ici bien loin de Fez où elle avait tout à craindre. Et je m'efforce de
ramener à la sérénité cet esprit d'enfant maltraité, déjà très faible par nature,
qui trouva pourtant, dans une heure tragique, la force de chercher à sauver
son maître et, après sa mort, de le venger. Mais j'ai grand mal à lui rendre sa
raison. Les événements dont elle souffrit sont encore trop récents ; des faits
extérieurs, contre lesquels je ne puis rien, la replongent à chaque instant dans
ses atroces souvenirs et le calme où vous la voyez en ce moment fait alors
place à la démence aiguë.

La pluie, par exemple, la surexcite, car il pleuvait à torrents durant les
émeutes. Elle ne peut entendre, sans divaguer aussitôt, les coups de feu des
inoffensives fantasias. Mais ce qui l'impressionne le plus fortement ce sont
les youyous des femmes. Vous savez qu'à Fez les scènes de meurtre et de
pillage s'accomplirent au son strident des youyous qui roulaient sur toute la
ville comme un chant de triomphe bestial. Dès les premiers coups de feu, les
terrasses se couvrirent de femmes, d'enfants, encourageant les *moujahidine*,
manifestant bruyamment leur joie de ce qu'ils croyaient être un beau jour, un

spectacle réconfortant pour leur foi, « nehar el feradja », la journée de plaisir, comme ils l'appellent encore. Les foules, toutes les foules commettent de ces erreurs, de ces crimes stupides dont elles n'ont pas conscience.

— Votre malade, dit Dubois, serait donc actuellement suggestionnée par les youyous que nous avons entendus tout à l'heure.

— En effet, répondit le médecin et il convient de l'en distraire si possible.

— *Benti*, ma fille, ajouta-t-il doucement à l'adresse de la femme, dessers le café et raconte-nous une histoire.

La folle se leva et débarrassa la table des restes du repas ; puis elle reprit sa place sans rien dire, attentive aux bruits de la nuit.

— Étreinte par son rêve douloureux, elle a déjà oublié ce que je lui ai demandé, dit le docteur, qui se leva et marcha vers la malade.

— Donne-moi la main, petite, fit-il doucement.

Et, la forçant à se lever, il l'entraîna vers la table.

— Assieds-toi sur cette chaise, comme si tu étais une de ces belles dames chrétiennes qui te font envie et raconte à ces messieurs une de ces jolies histoires que tu me disais le soir au campement, durant la route.

— Son visage, remarqua Martin, exprime pour nous la sympathie ; elle vous regarde, docteur, avec confiance et pourtant, il y a quelque chose de tragique dans ce masque enfantin qui ne rit pas.

— Il s'agit précisément, répondit le praticien, d'y ramener quelque jour le rire qui effacera cette fixité… impressionnante, n'est-ce pas ?

— Plus impressionnant est pour moi, dit le capitaine Dubois, votre amour de ceux qui souffrent, et l'indicible geste de tendresse que vous faites vers le malheur. Dominé comme vous l'êtes par un altruisme qui nous surpasse, votre oubli se conçoit de nos égoïstes conventions sociales. Je ne vous blaguerai plus, toubib, pour vos travers. Nous ne sommes pas dignes de vous juger.

— Veux-tu, père, dit la femme, une histoire d'amour ou une histoire pour amuser les enfants ?

— L'amour, dit Martin, est si près de la douleur qu'il serait peut-être préférable pour elle de n'y pas songer. Et j'éprouve moi-même le besoin d'entendre des choses peu compliquées et chastes en cette nuit écrasante.

— Peu compliqué sera, certes, ce qu'elle nous dira, fit le médecin, mais les récits de ces gens sont rarement chastes, même ceux destinés à la jeunesse ;

on n'élève pas les enfants, ici, comme chez nous. C'est encore une de ces profondes différences… Enfin nous verrons bien.

— Raconte une histoire pour les petits, ajouta-t-il à l'adresse de la femme.

Et celle-ci, les mains jointes sur les genoux, docile, commença.

— C'était à l'époque où la simplicité régnait dans le monde. Les hommes connaissaient encore peu la méchanceté, le vol et le parjure. Il y avait un homme qui s'appelait Ben Niya et qui possédait un âne. Un jour cet âne disparut pour suivre une ânesse, car c'était le temps où les animaux s'accouplent selon l'ordre établi par Dieu. Personne ne convoitait alors le bien d'autrui et Ben Niya pensa qu'on lui avait joué une farce. Il s'en alla trouver le crieur public et lui dit : « Crieur public, va crier partout que si on ne me rend pas mon âne je ferai ce que fit mon père en pareille occurrence. » Et le crieur passant dans toutes les ruelles cria : « O croyants ! ô enfants bien nés ! Ben Niya réclame son âne, rendez-le lui, sinon il fera ce que fit son père en pareil cas ! » Alors les gens s'assemblèrent et s'inquiétèrent de ce qui allait arriver. Tout le jour on discuta sous la grande porte de la vieille enceinte, devant la plaine où les belles moissons de Dieu mûrissaient pour la joie des hommes. Et soudain on vit le petit âne qui revenait, en compagnie de l'ânesse du voisin Belaquel. Alors les craintes s'apaisèrent et l'on s'en fut conduire l'âne à son maître. Celui-ci attendait tranquillement sur le pas de sa porte.

— Voici ton âne, dit la foule à Ben Niya et maintenant raconte-nous ce que tu devais faire à l'exemple de ton père défunt, que Dieu lui fasse miséricorde !

Alors Ben Niya, tenant son âne par les deux oreilles, dit aux gens :

— J'aurais fait ce que fit mon père le jour où, étant au marché, son âne disparut.

— Mais quoi encore ? dit la foule.

— Je serais rentré chez moi à pied !

A ce moment un long trille de youyous venu de la maison voisine tomba dans le jardin, se répercuta aux grands murs et entra dans la pièce avec une bouffée de jasmin surchauffée. Et les rires qui devaient accueillir la réponse de Ben Niya, la fin de l'histoire pour amuser les enfants, les rires demeurèrent au fond des gorges.

Les trois amis regardaient la femme. Son visage exsangue, ses yeux agrandis, sa bouche convulsée formaient un masque d'indicible terreur ; ses poings fermés martelaient sur les dents ses lèvres toutes blanches, tandis que stridaient les youyous. Puis l'on entendit une détonation, les voisins en noce faisaient parler la poudre et la physionomie si douloureuse à voir se modifia. La femme se dressa, son front sembla s'arc-bouter sur l'accolade des sourcils froncés, le regard devint volontaire et dur, les mains joignant leurs doigts en firent craquer les phalanges, du geste énergique de qui prévoit un effort. La femme n'avait plus peur mais, bien folle cette fois, revivait le danger, et, comme elle avait dû faire la première fois, se préparait à la lutte.

Au regard interrogateur de ses amis le médecin répondit :

— Voici peut-être la grande crise, dominez-vous, écoutez et regardez.

La folle bondit tout à coup vers Martin et ses deux mains voulurent s'accrocher à son bras.

— Écoute ! cria-t-elle.

Par un réflexe qu'il ne put dominer, l'officier se dégagea et son mouvement le plaça devant une des fenêtres qui, de chaque côté de l'immense porte, donnaient sur la cour intérieure. La juive l'y suivit et ferma précipitamment les deux volets bariolés de peintures mauresques.

— Tu vois, dit-elle, je t'avais prévenu que tes domestiques te trahissaient. Tu vois ! c'est Embarek le palefrenier qui vient de tirer sur toi.

La cour retentissait des pétarades qui éclataient chez les voisins en liesse.

— Écoute, continua la juive, on tue tes frères dans la rue, on pille. Prends un parti maintenant, ajouta-t-elle, puisque tu n'as pas voulu me croire !

— Martin, dit la voix du docteur, maîtrisez vos nerfs ; cette malheureuse vous identifie à son maître et sa folie va peut-être la pousser à reproduire devant nous le drame qui la causa. Remarquez que nous venons d'apprendre le nom de celui qui le premier tira sur la victime. Ce fut un de ses propres domestiques ; c'est lui qui échappa au Conseil de guerre ; c'est le nom qu'il fallait savoir. Enfin, chose utile pour l'histoire de ces tristes jours, nous savons aussi que la servante avait pressenti les événements et en avait prévenu son maître, resté d'ailleurs incrédule...

— Allons ! ne demeure pas ainsi immobile, continuait la femme, il faut agir. Tes fusils, tes cartouches ! Comment, tu n'as pas d'armes chez toi ? Mais à quoi pensais-tu, malheureux ! Ah ! ton revolver, au moins...

Et courant à une patère fixée au mur, elle s'efforçait d'en décrocher un équipement imaginaire.

— Oh ! l'étui est vide ! ils ont pris ton revolver ! Ils t'ont désarmé !... Alors !... sauve-toi ; sauvons-nous par les terrasses, suis-moi !

Belle d'énergie, elle s'empara de sa main et l'entraîna par la grande porte, dans le jardin, vers l'escalier situé au bout de l'un des grands côtés et qui conduisait à deux étages, puis aux terrasses.

Dubois et le médecin s'étaient levés doucement et suivirent les fugitifs. Mais à peine ceux-ci avaient-ils franchi le seuil de la pièce que la femme s'arrêta brusquement et refoula son maître de toute la force de ses deux bras tendus.

— Prends garde ! on tire sur nous du haut du minaret de la mosquée, on nous a vus !...

Ses deux mains comprimaient sa gorge palpitante. On voyait les efforts surhumains de ce pauvre être s'efforçant de surmonter sa terreur, de réfléchir.

— Passons vite... l'un après l'autre... moi d'abord... je t'attends dans l'escalier. Et elle partit en courant.

— Suivons cette scène pénible mais instructive, dit le médecin à ses amis. Nous n'interviendrons que s'il est nécessaire de protéger cette femme contre sa propre démence.

La folle montait l'escalier ; elle avait oublié celui qu'elle prenait pour son maître, mais le geste de sa main, toute sa démarche montraient qu'elle croyait toujours l'entraîner dans sa fuite. Et tirant ainsi après elle un être imaginaire, elle parvint sur la terrasse où, silencieusement, les trois spectateurs prirent pied peu de temps après elle.

Comme toutes les terrasses des maisons mograbines, celle-ci présentait un compartimentage en rectangles correspondant chacun à l'une des pièces de l'étage inférieur et tous de niveau différent. Il fallait donc enjamber une murette parfois haute de plus d'un mètre pour aller d'un rectangle à l'autre. Un parapet plus haut encore entourait tout l'ensemble de cette terrasse très vaste, comme la maison qu'elle couvrait.

Parvenue devant le premier compartiment, la folle s'arrêta et se laissa choir. Mais son agitation était extrême ; elle sursautait, se dressait en gesticulant, apostrophait les êtres dont son esprit malade peuplait la terrasse. Le docteur, déjà documenté sur la mort du capitaine X..., était seul capable de comprendre entièrement les paroles et la mimique effarante de la juive. Posté à quelques pas, il suivait, avec ses deux amis, tout ce que la clarté lunaire laissait voir des mouvements de la démente. Il renseigna les officiers sur ce qui se passait devant eux.

— Nous sommes au cœur du drame, dit-il, et je vais évoquer pour vous ses détails, grâce à ce que je sais déjà et en interprétant ce que nous voyons et entendons.

Cherchant à fuir et à sauver son maître, toute autre issue leur étant fermée par la populace qui remplit les rues, cette femme vient d'arriver avec lui sur la terrasse. Ces cris, ces pleurs, ces gestes que vous percevez répètent la scène qui s'est alors déroulée. Les fugitifs voulaient profiter de ce que toutes les maisons de leur quartier se touchaient pour gagner quelque demeure amie ou moins hostile. Mais ces terrasses étaient pleines de monde, pleines d'ennemis. Les femmes criaient, gesticulaient, encourageaient de youyous continuels les hommes, leurs maris, leurs frères qui, dans la rue, donnaient la chasse au roumi. Les enfants étaient les plus vibrants de tous, les plus acharnés et ces groupes de formes blanches ponctués des couleurs criardes des petits, trépidants aux spectacles de mort, s'interpellaient de maison à maison, s'encourageaient à exciter les émeutiers. Mais il y avait des degrés dans la fureur générale, dans la joie de voir tuer. Toutes les maisonnées manifestaient les mêmes sentiments, mais avec plus ou moins de conviction. Ces familles qui se connaissent par la mitoyenneté du toit, ces femmes, ces enfants enfermés n'ayant, pour respirer et vivre un peu à la fin de chaque jour, que la terrasse et ses promiscuités, ces gens qui se mélangent si volontiers aux voisins quels qu'ils soient, sans réserve de classe et même sans pudeur sociale, n'en ont pas moins des intérêts, des goûts très divers. Regardez les gestes, écoutez les supplications de la folle. Ce sont les mêmes qu'elle adressa aux femmes et aux filles d'un gros commerçant fasi. L'état d'âme de cet homme est curieux à noter ; dans le drame que nous revivons, de lui, plutôt que de ces femmes en furie, dépendra le sort des fugitifs.

Ce négociant a des magasins, des marchandises qui viennent de loin, de chez ces chrétiens que l'on tue à cette heure même, mais dont le supplice n'empêchera pas qu'il faudra payer les marchandises. Ses femmes hurlent là-haut à la mort — n'êtes-vous pas des musulmans ! — lui, en bas, tourne en rond dans sa demeure, inquiet au suprême degré de ce qui se passe, de ce qui peut suivre ; l'émeute est dans la rue, le pillage s'étend et il suppute ce qu'il perdra si la plèbe défonce les portes de son entrepôt ou s'acharne sur son fondouk. Il calcule ce qu'il faudra payer plus tard, car il sait bien lui, homme d'affaires et de commerce, que toujours, au Maroc, ces heures de joie musulmane ont eu des lendemains pénibles et que toujours les bourgeois ont soldé les exploits de quelques furieux.

Sans doute, dans les premiers moments, son cœur de musulman a vibré d'accord avec celui de la foule. Pour parvenir jusqu'à sa porte, au travers du flot grossissant des émeutiers, sans doute aura-t-il crié comme tout le monde : Dieu vous aide, ô croyants, ô soldats de la guerre sainte ! Mais, à peine rentré chez lui, son âme de marchand s'est effrayée d'un désastre possible. Il s'est mis à redouter les excès de la populace qui se presse furieuse dans les ruelles en quête de gens à tuer ; il a craint surtout de ne pouvoir, au jour certain des revendications européennes, justifier de son temps, de sa conduite à l'égard de ces chrétiens dont il a tant besoin et qui ont leurs mains son crédit. Et le problème s'est posé à lui comme à beaucoup d'autres qui l'ont résolu, d'ailleurs, de la même façon. Tout en prenant part, selon son devoir de musulman, selon sa conviction aussi, au sursaut xénophobe qui agite la ville, il lui faut esquisser une réprobation, faire au secours des chrétiens — ses créanciers — un geste dont il pourra se réclamer plus tard, s'il est utile.

Plusieurs de nos compatriotes furent en effet sauvés par des misérables qui ne cherchaient qu'un alibi.

Mais notre camarade X... ne devait pas profiter d'une circonstance à ce point favorable. Il habitait un quartier populeux, il était spécialement visé, désigné par la trahison de ses domestiques. Il ne pouvait être sauvé par l'unique dévouement de la pauvre femme qui le guidait.

Quand un petit garçon dégringola du toit pour dire à son père qu'un de ces chrétiens demandait asile, le marchand fasi hésita peu à lui répondre : recueillir le fugitif serait attirer sur la maison la colère de la foule qui grondait dans la rue, mais on le laissera passer chez le voisin sans lui faire de mal.

— Qu'il se débrouille, dit-il, avec les gens d'à côté. Quant à vous tous, ajouta-t-il, en parlant à ses employés, à ses esclaves, soyez, s'il le faut, témoins que j'ai aidé cet homme à fuir.

Le docteur se tut. Il avait évoqué la première phase du drame et, justifiant sa narration, la folle, comme libérée du premier obstacle, venait de franchir péniblement la murette et d'atteindre une autre partie de la terrasse. Mais manquant de force, par un fléchissement sans doute de sa surexcitation, elle resta étendue, secouée parfois de tremblements, murmurant des mots sans suite mêlés de sanglots.

Le médecin, les yeux fixés sur sa malade, continua :

— La crise subit une pause... le sujet n'a plus la force de répéter la tragédie dont son esprit pourtant lui ressasse implacablement le thème. Sa folie lui donnera peut-être plus tard une vigueur nouvelle ; en attendant, ce qu'elle ne peut plus mimer ou crier, je vais vous le dire.

Délivrés du premier obstacle, par l'intervention du négociant, la femme et celui qu'elle guide sont passés sur la terrasse de la maison contiguë. Déjà l'homme n'est plus qu'une loque. La soudaineté des événements déroutant toutes ses prévisions, le surprenant en plein calme pour le plonger dans un danger auquel il ne voit pas d'issue, a brisé sa volonté. Il suit machinalement sa protectrice ; il est pâle, ses vêtements portent déjà les traces de souillures, des crachats qui lui ont été jetés. En arrivant chez les voisins, la femme reprend ses supplications en faveur de celui qu'elle veut sauver. Lui, au comble du désarroi, ne retrouve plus les quelques mots d'arabe qu'il possédait, ne sait plus que gesticuler ses demandes de secours où il y a aussi de la menace et toute la révolte de son orgueil impuissant. Devant eux se dresse maintenant la famille, mère, femmes, sœurs, esclaves du grand alim, de l'homme pieux qui, depuis des années, enseigne les foules attentives aux

Khotba de la sublime mosquée et dont l'éloquence imprègne pour la postérité les murs blancs de Qaraouiyne.

Ignorantes, ces femmes expriment en cette heure ce qui est pour elles le plus apparent de la science du maître, la haine de ceux qui ne suivent pas la doctrine qu'il enseigne. Elles manifestent avec violence pour être vues et entendues des voisins. Peuvent-elles faire autrement, celles qui vivent dans la pure intimité d'une des plus belles lumières de l'Islam ? Lui, observe en silence ; ses sentiments ne répugnent pas à quelque succès sur les mécréants, mais, homme de science et de réflexion, il pèse l'opportunité du drame, redoute qu'il se produise hors de l'heure prévue pour le triomphe définitif et qu'il soit de ce fait incomplet et inefficient, sinon dangereux pour la cause même. En tout cas, il ne peut s'agir pour lui de compromettre aux orgies de la plèbe sa dignité et celle des siens, de souiller ses belles mains et ses blancs lainages aux sanies du meurtre et aux hontes du pillage.

L'arrivée du roumi fugitif au bord de sa terrasse lui est un bon prétexte pour calmer le zèle encombrant des siens, pour les rappeler auprès de lui.

— Fuyez, rentrez, cachez-vous de cet homme impur ! crie-t-il et, comme par enchantement, la terrasse se vide à la voix du maître, les furies disparaissent et derrière elles se referme la porte où le poursuivi et son pauvre guide auraient pu trouver un refuge contre la fureur croissante des gens entassés sur les terrasses ; car on les a vus ; les pierres volent et les vociférations se rapprochent.

Franchie la maison de l'homme saint, les voici devant celle d'un être quelconque, mauvais fonctionnaire besogneux, chassé du Makhzen pour concussion par trop criante et qui impute volontiers aux idées nouvelles venues d'Europe la subite pudeur administrative qui l'a privé de son emploi. Il est vieux aussi ; il ne peut résister aux folies de ses fils dont l'inconduite achève de le ruiner. La misère guette sa maison qu'emplissent déjà des discordes familiales et des scandales musulmans. Aussi de cet antre malsain, la haine a-t-elle surgi dès les premiers éclats de l'émeute, comme un dérivatif aux ennuis de chacun. Et il arrive bien à propos ce chrétien, pour se faire écharper par les furies qui lui barrent la terrasse de Ben Thami.

Le sang coule sur le visage de l'homme que des pierres ont atteint. Épuisé moralement, écrasé sous les insultes, il tombe à genoux devant la murette hostile et la femme s'efforce de couvrir le visage défait et sanglant de son maître. Elle n'a presque plus de voix à force de supplier ; elle arrache ses pauvres bijoux, les jette à ceux qui lui barrent la route ; une de ses mains protège l'homme ; de l'autre, elle cherche à parer elle-même les coups des petites filles, des petits garçons qui frappent, pincent, arrachent, tandis que les grandes hurlent, rient, se bousculent pour voir.

La poussière rouge du Gueliz remplit l'air en feu et tamise en la colorant la clarté lunaire.

Aidés par tout ce que leur a dit le médecin, les deux officiers, serrés autour de lui dans un angle de la grande terrasse de Messaoud El Biod, suivent et comprennent les détails de la scène jouée devant eux par la folle. Celle-ci semble, en effet, avoir retrouvé des forces dans l'excès même de sa terreur. Sa voix est redevenue distincte. Sa mimique, tous les mots qu'elle profère ponctuent, matérialisent, illustrent le récit du docteur. Les impressions des spectateurs peu à peu se sont intensifiées à l'extrême. La scène jouée par la femme, dite par le récitant, se développe avec une sincérité suggestionnante qui, bientôt, fait apparaître à leur imagination le principal acteur absent. Ils voient l'homme qui va mourir et machinalement leurs mains se cherchent et se serrent en communion de pensée et de douleur.

Chuchotante, la voix du docteur reprend :

— Nous arrivons à la fin du drame, regardez bien.

— Lalla ! Lalla ! crie la folle, ne jette pas cette énorme pierre ! puis elle s'effondre aux côtés de l'homme assommé, atteint sur la tête par un pavé que Lalla Tam, femme de Ben Thami, a lancé sur lui de toute la hauteur de sa taille que double celle de la murette au bas de laquelle le fugitif s'est abattu. La juive maintenant se tord auprès de son maître étendu.

— Laisse-moi, tu vas mourir, tu ne m'as pas crue, ne me force pas à mourir aussi !… lâche mon poignet ! et ses efforts tendent à arracher, de la main crispée du moribond, la sienne qu'il a prise et à laquelle il se cramponne, sans doute, dans un dernier instinct d'espoir ou de consolation.

Puis il semble qu'elle lutte contre des gens qui l'ont empoignée. Elle hurle grâce, elle porte en avant ses mains, les index tendus. Ce sont les *chouhoud*, les témoins de ce qu'elle va dire. Elle crie la profession de foi musulmane. Elle sauve sa vie.

La voici maintenant adossée au parapet de la terrasse ; il apparaît que ceux qui la tourmentaient, occupés ailleurs, la laissent tranquille.

— Il est mort, je te dis, crie la femme, pourquoi lui donner un coup de baïonnette ? Eh vous autres les hommes ! Qu'allez-vous faire maintenant ? Oh ! ne lui coupez pas la tête devant moi. Mais vous êtes fous ! Au nom d'Allah El Karim ! Je ne veux pas la voir ! emportez-la ! Comment, vous jetez son corps dans la rue !

La folle s'est redressée, le dos appuyé au mur ; ses mains se pressent sur son visage ; elle les retire fascinée, elle regarde et enfin de sa gorge sort plusieurs fois ce son : plof, plof, reproduction machinale du bruit qui hantera toute sa vie, le bruit du corps de l'homme jeté aux gens de la rue et s'écrasant sur le sol…

— En voilà assez, dit le docteur. Et il courut à la femme qui était retombée au pied du mur. Délicatement, aidé de ses camarades, il la prit dans ses bras et l'emporta. Tous trois redescendirent vers la salle basse.

Dans la chambre du médecin, étendue sous la lueur jaune de la lampe, la folle exténuée s'abandonne aux mains qui la soignent. Elle n'est plus agitée, mais toujours de ses lèvres blanches sort le plof, plof, qui résume toute l'horreur qu'elle a vécue. Et soudain à l'autre bout du jardin une voix s'élève qui fait sursauter les officiers :

La illaha illallahou, la illaha illallahou !

C'est le musulman toqué, le famélique recueilli par le médecin qui s'éveille et clame, dans la nuit brûlante, la gloire de Dieu aux quatre murs de la grande demeure.

— Cette femme va mieux, dit le docteur à ses amis, surveillez-la un peu ; ménagez l'éther, je n'en ai plus beaucoup. Je vais aller m'occuper de l'autre là-bas, voulez-vous ?

L'Automobile

Le capitaine Duparc, de l'artillerie, parvint à Meknès après un voyage fatigant. Il débarquait en Afrique pour la première fois et y venait sans enthousiasme. Mais, officier consciencieux et esprit cultivé, il eut soin, avant de quitter la France, de se documenter sur le pays où il allait vivre. Il acquit ainsi en une dizaine de jours d'un travail assidu des idées qu'il jugea satisfaisantes sur le régime dit de Protectorat, sur la religion mahométane dite Islam, sur la géographie, l'ethnographie de l'Afrique du Nord.

Il apprit qu'au Maroc la population se divise en quatre classes : les Maures et les Juifs qui habitent les villes, les Arabes qui remplissent le pays, les Berbères qui sont confinés quelque part dans la montagne. Il lut une description intéressante du cortège qui accompagne le Sultan à la prière du Vendredi et admira la vitalité du gouvernement dénommé Makhzen qui, cramponné pendant des siècles aux destinées de quelques tribus mograbines, a résisté aux folies d'Abd-el-Aziz, à l'acte d'Algésiras et aux massacres de Fez. Puis il versa une cotisation de quinze francs au Comité de l'Afrique Française et acheta une grammaire arabe, se promettant de consacrer aux premiers éléments de cette langue les longues heures du voyage.

Mais la mer, d'humeur fâcheuse, ne lui en laissa point le loisir. Après quatre jours de traversée agitée et deux jours de « bouchonnage » devant la barre de Casablanca, après la surprise du panier de débarquement et l'épreuve décisive de la barcasse, il échoua dans un hôtel qu'on lui affirma « Touring Club ». Il y passa deux jours au lit. Et de cette couche étrangère qui longtemps remua elle aussi, il entendit, perpétuant son cauchemar, le grondement continu et tout proche de la mer furieuse se jetant affamée sur les blocs de Schneider et Cⁱᵉ.

Dès qu'il fut en état de trouver une paire de gants dans ses cantines, il s'en alla, muni d'un sabre, se présenter aux autorités locales. L'accomplissement de cette corvée lui fit visiter la ville. Son intelligence native et d'ailleurs exercée lui permit vite de comprendre que ce chaos n'était pas le Maroc, mais le résultat encore informe du « formidable essor économique » annoncé par les bouquins. Étant venu pour vivre, comme il disait déjà, la vie du bled, il résolut de ne pas séjourner à Casablanca. Ses impressions s'y trouvaient au surplus chagrinées par ce qu'il crut être la confirmation d'une vieille idée apportée de France et qu'il aurait voulu inexacte.

Duparc appartenait à ces milieux très bourgeois de l'armée métropolitaine, qui avaient pour l'armée d'Afrique le fraternel mépris réservé au cadet qui a mal tourné. Celle-ci n'avait alors donné à la France que la totalité de l'Afrique mineure. Elle n'avait pas encore l'auréole du sacrifice vigoureusement et joyeusement consenti qui la jeta, merveilleuse d'entraînement, de santé physique et morale, contre les corps d'armée allemands. Pour Duparc, comme pour bien d'autres, l'officier d'Afrique était un buveur d'absinthe ou un malheureux retenu loin des honnêtes garnisons de province par des dettes ou un banal collage avec quelque sauvageonne.

Il vit donc à Casablanca de multiples et bruyants cafés remplis d'un nombre vraiment impressionnant d'officiers de toutes armes attablés, souvent en compagnie de cocottes et voisinant avec des civils qui lui parurent d'origines diverses.

Comme la température l'y invitait, il s'assit lui aussi à une table et, après quelques secondes d'hésitation, se trouva bien.

Il y fut très vite l'objet des sympathies de camarades qui, reconnaissant à son sabre et à ses gants blancs qu'il était nouveau dans le pays, l'entourèrent, l'invitèrent et lui firent fête. Il en fut très gêné, mais, en dépit de la froideur dont il voulut se cuirasser, il fut entraîné jusqu'à une heure avancée, de café en café, de boîte en boîte. Quand vint la dislocation de la bande joyeuse, il était tout à fait écœuré, navré du lamentable exemple de désœuvrement, de mauvaise tenue et de légèreté morale donné par ses camarades d'Afrique. Il jugea qu'*il y avait là vraiment quelque chose à faire* et se promit d'y penser.

Un des officiers le raccompagna jusqu'à son hôtel et, engagé par la réserve un peu plus grande qu'il avait cru observer en ce compagnon parmi tous les autres, Duparc ne put s'empêcher de lui faire entendre discrètement que ce qu'il venait de voir lui paraissait irrégulier. L'autre lui demanda, en guise de réponse, de quelle garnison il venait.

— D'Orléans, répondit Duparc.

—Ah oui… Orléans, Beaugency, Notre-Dame de Cléry, Vendôme! Vendôme! Ma nourrice chantait une ronde où ces noms sonnaient comme des cloches. Cela, c'est toute la noble et vieille France… Orléans est une bien bonne garnison. Moi, depuis des années, je roule de Tunis au Sahara, des Touareg aux Beni Snassen, à Bou Denib, à Fez, au Tadla. Je viens de faire deux ans de colonne sans débrider, sans boire un bock frais, sans voir un chapeau de femme. Je n'avais plus de chaussettes et j'ai demandé quinze jours de répit pour venir ici me faire couper les cheveux et me requinquer un peu… Les autres, c'est la même chose. Bonsoir, cher ami, que le Maroc vous soit propice. Et cordial, il serra la main de Duparc et le quitta.

En se couchant, celui-ci pensa à ce qu'il avait vu, à ce qu'il venait d'entendre et il eut ce petit malaise d'amour-propre fréquent chez ceux qui ont du cœur et qui vient de la crainte d'avoir été maladroit ou injuste.

Rabat lui fit une impression différente et déjà meilleure. Il subit le charme des deux villes encore bien musulmanes. Il admira le grand bras de mer qui les sépare et que semble remplir toujours la mouvante cascade de la barre qui gronde à son embouchure. Les paillotes de la Résidence l'amusèrent et l'État-major, nombreux, lui offrit des figures de connaissance qui s'épanouirent à l'entendre demander un emploi dans l'intérieur. On lui donna satisfaction immédiate et Meknès lui fut attribuée. Il sortit enthousiasmé de chez le grand chef et ému lui-même des dévouements dont il se sentait capable. Il rendit aimablement son salut au chaouch de la porte résidentielle et partit plein d'ardeur.

On était à la fin du printemps et la chaleur déjà forte rendit pénible au voyageur le séjour dans le train de Meknès. Il devina à peine Kénitra, soupçonna seulement à travers sa somnolence congestionnée la Mamora et la plaine de Sidi Yahia. Il parvint à Dar Bel Hamri avec un commencement d'insolation qui lui évita le repas, les menthes à l'eau et surtout le café à l'eau salée vendus en ce lieu néfaste et obligé, terreur du voyageur assoiffé.

Le lendemain, l'air plus vif du plateau lui fit mieux supporter la route. Il eut la surprise agréable de trouver à la gare une automobile qui était venue le prendre et le conduisit aux baraquements de l'État-major.

— Vous allez arriver juste pour admirer le coucher du soleil, lui dit l'officier qui était venu le quérir.

Cette remarque laissa Duparc indifférent, mais, par la suite, il apprit à la faire à tous les voyageurs importants qu'il lui advint d'aller chercher à la gare.

Dès le premier contact avec son chef accueillant, l'officier d'État-major fut plongé au vif des questions qu'il aurait à traiter.

— Pour vous mettre au courant de la Subdivision, conclut ce chef, vous allez faire la tournée des postes. Vous étudierez sur place certains points qu'il m'importe de connaître. On vous donnera la « petite Ford » et vous verrez ainsi un maximum de détails dans un minimum de temps.

Ce discours plut beaucoup à Duparc. Il eût préféré pourtant faire cette visite à cheval, c'est-à-dire tout à son aise. Mais ceci était incompatible avec le lourd travail de bureau dont il entendit ses camarades se plaindre à la popote, ce qui l'invitait clairement à ne pas s'attarder sur les chemins.

Duparc décida de commencer sa tournée par le poste excentrique d'Oulmès où il aurait d'ailleurs à conduire deux officiers de troupe qui, venus à Meknès pour le service, devaient rejoindre au plus vite leur résidence. Il s'enquit de ses compagnons et fut très volontiers renseigné. C'étaient deux excellents garçons, parfaits officiers, mais nantis de travers singuliers.

L'un s'appelait de Mongarrot. Officier de cavalerie des plus allants, il vivait dans un mutisme presque absolu. Devait-il cela à quelque chute sur la tête ou à un trop long séjour dans le désert silencieux, nul n'était en état de le dire.

Mongarrot s'abstenait de parler pour une raison physique ou morale dont personne n'avait sondé le mystère. Il commandait sa troupe par gestes ou par de brèves interjections. En dehors du service, il intervenait dans les conversations par des bouts de phrases latines qu'il appropriait à l'idée émise, réminiscences lointaines de quelque grammaire, bouffées de bréviaire ou de missel romain, échos affaiblis et aujourd'hui désuets des classes d'humanités du temps jadis. Il était doux et taillé en athlète. Son caractère et son austérité l'avaient fait surnommer l'ange radieux.

Martin était le nom du second compagnon de route. Celui-ci, tout à fait différent du premier, manifestait une loquacité déconcertante. Très averti, d'ailleurs, des choses et des gens d'Afrique, il était quelquefois intéressant, précieux souvent par son expérience et, en tout cas, jovial et bon enfant. Mais il était coté comme un cerveau brûlé, voire comme un braque, pour de nombreuses facéties de jeunesse et il manquait de souplesse, c'est-à-dire bêchait volontiers ses supérieurs. Il critiquait, dit-on à Duparc, sans mesure — ce qu'il faut traduire par non sans esprit — et s'attardait, de ce fait, dans des grades subalternes, malgré des états de service remarquables. Enfin, un bon camarade glissa cette dernière pointe : « Je vous préviens qu'il aime peu les officiers d'État-major. »

Méditant sur ces avis, Duparc sentit se confirmer son opinion qu'il tombait dans un monde nouveau. La faible expérience que ses nombreuses études lui avaient laissé prendre de la vie, l'amenait à trouver étrange l'existence possible de gens aussi différents du type qu'il s'était forgé de l'être humain normal et pondéré. Il s'estima, *in petto*, très au-dessus de ces pauvretés et trouva, dans l'avancement rapide dont il avait joui jusqu'à ce jour, la confirmation de sa supériorité. Il augura mal enfin du voyage obligé avec ces étranges compagnons et se consola en songeant que cela durerait au plus une journée. Puis il s'arma ce soir-là, comme il faisait chaque jour, de sa grammaire arabe qui lui procura bientôt un sommeil dépouillé d'inquiétude.

Quand il se présenta le lendemain au point initial il y trouva l'automobile et, autour, Martin qui se démenait entre de nombreux colis. Duparc, lui, s'était vêtu de pied en cape de la tenue de campagne : revolver, jumelle, boussole et sacoche d'État-major qui, en plus des papiers de service, abritait l'indispensable grammaire ; un petit paquet contenait enfin la trousse de toilette et le strict nécessaire pour un court déplacement. Martin, qui s'acharnait avec le chauffeur à arrimer ses colis, accueillit Duparc comme s'il ne connaissait que lui.

— On les casera bien ! dit-il, en montrant ses paquets, ce qui n'ira pas dans la berline ira sur le marchepied. Passez-moi votre casse-croûte, on va le mettre dans la boîte aux outils.

— Ce n'est pas mon... déjeuner, répondit Duparc, c'est mon nécessaire de toilette.

— Vous n'avez pas apporté de boulot ?

— Je comptais que nous mangerions une omelette à la première auberge... ou dans quelque ferme.

Martin fut si étonné de cette réflexion qu'il n'y sut répondre. Son compagnon manquait évidemment d'expérience marocaine ; mais il eut le bon esprit de ne pas le blaguer.

— Cela ne fait rien, dit-il, j'ai tout ce qu'il faut pour vous, pour Mongarrot et d'autres encore. Voyez-vous, dans ce pays, on rencontre toujours quelque part quelqu'un à qui il manque quelque chose. La caisse de pernod, continuat-il, en s'adressant au chauffeur, ira à côté de vous et, dessus, les caleçons du commandant. Ah ! voilà Mongarrot ; ça va, mon vieux ?

Un géant bien mis s'approchait, maniant avec discrétion des pieds énormes.

Il répondit des yeux à Martin, salua aimablement Duparc en lui disant : « Capitaine Mongarrot, 18e spahis. » Puis il s'engouffra dans la voiture.

— Allons ! en route, dit Martin, nous nous mettons tous les trois dans le fond, vous au *mitan*, Duparc, vous êtes le plus mince et vous serez calé ; la voiture aussi ; d'ailleurs il n'y a pas d'autre place à cause des paquets qu'on rapporte aux camarades. Toi, Mongarrot, tâche de ne pas écraser ton voisin et ne parle pas trop si nous voulons dormir. Et maintenant, en avant !

Le chauffeur réveilla la petite Ford d'un grand coup de manivelle dans le nez et Duparc, encore tout ahuri, se sentit, au démarrage, effondrer entre ses deux camarades.

La grande guerre a multiplié à l'infini l'usage des voitures automobiles, mais c'est au Maroc oriental d'abord, puis à l'occidental, que l'emploi dans tous les terrains en fut généralisé pour la première fois. Dans ce pays l'automobile vint longtemps avant la route, elle passa à peu près partout et précipita de la plus heureuse façon la conquête et la pacification.

A l'époque où se place ce récit, il n'existait encore que des pistes indigènes parfois améliorées et constamment ravagées par les pluies, défoncées par les charrois. Un voyage en automobile dans les sables de la Mamora, dans les tirs, dans les glaises du Sebou et de l'Innaouen était la chose la plus extravagante et la plus pénible aussi. Le Maroc fut le tombeau des pneumatiques ; mais on marchait et le progrès aussi. Les machines soumises à des cahots continuels duraient peu. Les maisons françaises fabriquèrent des cadres et des roues robustes pour le service du Maroc. Les Américains suivirent mais avec des modèles légers, solution différente et d'ailleurs bonne du problème à résoudre : le passage dans tous les terrains.

Duparc n'avait aucune idée d'un voyage de cette sorte. Aussi, quand après avoir traversé la ville, l'auto sortant par la porte du mellah s'engagea sur la piste du camp Bataille, lorsque coincé entre ses deux voisins, gêné par les paquets, il vit la voiture ballottée, cahotée, sauter des mottes de terre, pencher au delà de tout équilibre raisonnable dans des ornières de terre molle, en sortir pour y retomber, progresser de côté comme un crabe en glissant des quatre roues, aborder des talus obliquement pour échapper par moment à la piste trop mauvaise, quand il entendit les halètements, les emballements fous du moteur et vit l'adresse et la force jusqu'alors victorieuses du chauffeur, il éprouva la sensation d'être embarqué dans une mauvaise farce. Martin parlait, s'efforçant d'intéresser son compagnon à tout ce que l'on voyait. Mais celui-ci, s'estimant secoué comme il ne l'avait jamais été, pensait à son cheval qui aurait si allégrement marché d'un pas souple sur cette piste infernale.

— On est évidemment un peu surpris la première fois, dit Martin, comprenant l'impression désagréable qu'éprouvait son voisin ; mais on s'y fait rapidement. Vous serez certainement un peu courbaturé ce soir.

— Je m'y attends, fit Duparc qui se sentait devenir furieux. Je trouve tout à fait illogique cette façon de se déplacer ; écoutez ces chocs, jamais la voiture ne supportera cela sans que quelque chose casse.

— Soyez-en convaincu, répondit Martin. On casse, on verse, on crève, on répare et on continue ; je vous assure qu'on a de la distraction. Ah ! nous voici à l'oued. Ne vous embarquez pas sur le pont ! le tablier a été enlevé par la crue, cria-t-il à l'adresse du chauffeur.

Et, à la grande surprise de Duparc, la voiture laissant à gauche un pont de bois qui prolongeait la piste dégringola vers le lit d'un ruisseau qui barrait la route, entra dans l'eau, sautilla furieusement sur les gros cailloux ronds qui formaient le gué et se lança à l'assaut de la rampe opposée dont elle atteignit le sommet après trois secousses d'essieux des plus inquiétantes.

— Il faut toujours, dit Martin, mettre des paillons aux bouteilles et surveiller la mise en caisse, si l'on veut éviter la casse et ménager l'argent des camarades qui vous ont chargé de commissions. Mes bouteilles sont bien emmaillotées.

— J'en prends note, dit Duparc, se décidant à rire, vous me paraissez plein d'expérience.

— J'ai été roumi, moi aussi, répondit Martin, mais il y a longtemps. Voici la piste qui s'améliore, nous allons pouvoir marcher.

Au même moment, la voiture pencha violemment sur le côté, et les voyageurs s'accrochèrent instinctivement à l'arceau de la capote.

— *Cave ne cadas !* dit la voix de Mongarrot.

Mais déjà, l'obstacle franchi, la Ford repartait de plus belle. La piste s'allongeait vers des collines au travers du bled Guerrouan ; le soleil montait, chauffant de belles moissons, des indigènes allant vers la ville ou en venant circulaient nombreux sur les sentiers.

Ils s'arrêtaient pour regarder la voiture qui, rapide et sautillante, passait auprès d'eux. Tous s'en amusaient et riaient.

Duparc, à son propre étonnement, se prit à aimer ces choses, ces gens, ces collines roses à l'horizon et même ses compagnons, tout étranges qu'ils lui parussent encore. Il s'informa des oueds qui se trouvaient sur la route.

— Le mot oued, dit Martin, est arabe et signifie vallée, vallon, lit d'une rivière : mais ces sens n'impliquent pas forcément la présence de l'eau. C'est ainsi qu'en Algérie, le mot oued donne plutôt une impression de siccité, de chaleur lourde dans un bas-fond rocailleux. Au Maroc, ce même vocable s'applique à un endroit où l'eau coule, où il y a des arbres, de l'ombre et de la fraîcheur. C'est une des caractéristiques de la langue arabe qu'un seul mot puisse avoir des acceptions différentes et même contraires.

Puis il développa cette thèse et cita des exemples, tandis que la voiture, quittant la plaine de Meknès, passait par un petit col dans la cuvette d'Aïn Lorma. La route devint aussi plus accidentée ; le sol était encore imprégné des pluies de printemps ; l'auto avançait par embardées, glissant des deux roues de derrière, tantôt vers un des côtés de la route, tantôt vers l'autre. Il fallut plusieurs fois descendre pour l'alléger au passage de petits ruisseaux bourbeux qui coupaient la piste. Mongarrot poussait sans mot dire, et sa force très grande évitait le plus souvent à ses camarades d'en faire autant. Le mauvais passage franchi, on repartait et on recommençait un peu plus loin. Une fois même, les efforts réunis des trois hommes et du moteur ne purent sortir les roues d'une ornière grasse où elles s'empâtèrent. Il fallut avoir recours aux gens d'un douar qu'on apercevait non loin de là. Martin les appela de la voix et du geste, et quatre ou cinq gaillards s'approchèrent avec timidité.

Quand ils comprirent ce qu'on voulait d'eux, ils se mirent à la besogne gaiement et, tout en échangeant très fort leurs réflexions, dégagèrent les roues enlisées, soulevèrent et poussèrent lestement. Puis, l'auto remise sur le terrain ferme, ils regardèrent, sans cesser de causer entre eux, les voyageurs réintégrer leurs places et la voiture partir.

— Que disaient-ils dans leur conversation si animée ? demanda Duparc.

— Je n'en sais rien, répondit Martin.

— Comment ! vous, un vieil africain, vous ne savez pas l'arabe ?

— Je le parle couramment, mais ces gens-là sont des Berbères et, comme ils se doutaient que l'un de nous au moins parlait l'arabe, ceux d'entre eux qui le connaissent se sont bien gardés de s'en servir. Le plus jeune m'a pourtant souhaité bon voyage dans la langue du Prophète.

A ce moment, la voiture manqua un tournant, quitta la piste et dévala 4 ou 5 mètres de talus et s'arrêta dans un champ. Les trois camarades saluèrent brusquement le dos du chauffeur.

— *Quid ?* demanda la voix de Mongarrot.

— Ce n'est rien, répondit le troupier, c'est le différentiel...

Il fallut, à force de bras et de machine rouler la voiture dans le champ, puis la remettre sur la piste.

Tandis que le mécanicien vérifiait le fonctionnement de l'organe avarié, Duparc, qui peu à peu s'aguerrissait ou qui ne s'était pas rendu compte du danger que lui et ses compagnons venaient de courir, reprit ses questions. Son esprit amoureux de clarté trouvait insuffisante la réponse de Martin.

— Expliquez-moi, je vous prie, dit-il, pourquoi ces gens, s'ils le pouvaient, n'ont pas cherché à se faire comprendre de vous.

— Ils n'y tiennent pas ; pourquoi voulez-vous d'ailleurs que ces paysans qui sont très indépendants de caractère se donnent la peine d'user, pour me faire plaisir, d'une langue étrangère ? C'est très calé, d'abord, de savoir deux langues ; et ensuite la possibilité qu'ils ont de rester impénétrables est un avantage ; ils le gardent.

— Sans doute, reprit Duparc, les officiers qui commandent à ces populations savent leur langue intime ?

— Non, personne ne la connaît ; on dirige ces gens à l'aide de ceux d'entre eux qui sont bilingues, ou par l'intermédiaire de secrétaires arabes d'origine, mais sachant le berbère.

Duparc demeura un instant pensif. Puis il reprit :

— Voilà qui est sans doute particulier au Maroc ; il existe, du fait de cette langue qu'on ignore, un mur entre ces tribus et nous. De plus, ces gens sont, dans leurs rapports avec l'autorité et nous-mêmes sommes, dans notre action sur eux, à la merci d'intermédiaires.

— Vous venez d'émettre là, dit Martin, à l'endroit de nos méthodes un jugement sévère, et chez un roumi débarqué d'hier, cela promet.

— Sévère, dites-vous, mais est-il juste ? demanda Duparc.

A ce moment, le chauffeur voulant éviter une ornière, frôla un gros *bétoum* qui se trouvait près de la piste. Une maîtresse branche de cet arbre rugueux prit au passage le devant de la capote et avec un grand craquement celle-ci se rabattit en arrière, tandis que l'auto s'arrêtait. Et les voyageurs qui étaient à l'ombre furent tout à coup inondés de soleil.

— *Fiat lux !* dit dans un rire la voix de Mongarrot. Le rire d'ailleurs fut général quand le capitaine silencieux eut ajouté, en français cette fois : « On ne peut pas causer un quart d'heure tranquillement ! »

Les courroies de tension de la capote étaient seules cassées ; on décida de laisser la voiture découverte ; il serait ainsi possible de mieux voir le paysage qui devenait de plus en plus pittoresque. A un tournant de la piste, au haut d'une côte très rocailleuse, embarrassée de blocs et qu'il fallut gravir à pied, la vallée de l'oued Beht s'offrit tout à coup à la vue. La descente vers la rivière fut lente et pénible. La piste en corniche était sinueuse et complètement bouleversée par quelque récente pluie d'orage. La rivière était en crue, ses eaux limoneuses atteignaient et couvraient le tablier du grand pont en bois jeté par le Génie.

— Passerons-nous ? demanda Duparc.

— Nous passerons s'il ne manque pas de madriers au tablier, dit le chauffeur.

Mais déjà Mongarrot s'était porté devant la voiture et s'engageait sur le pont, marchant au centre, dans l'eau. Celle-ci montant à l'assaut du tablier passait dessus en inquiétante vitesse et à ce point boueuse qu'on ne distinguait plus les madriers.

Traînant ses vastes pieds heureusement chaussés de bottes solides, le doux géant fit son inspection planche par planche. Parvenu à l'autre bout, il fit un geste d'appel, et la voiture s'engagea lentement sur le pont. L'eau sautait aux roues.

— Mon capitaine, cria le chauffeur, j'ai le vertige. Mais Martin, qui venait de voir Duparc mettre la main sur ses yeux, avait pressenti le danger. Cette nappe d'eau fuyant violemment sous la voiture produisait à lui-même une impression fort pénible.

Dès l'appel du chauffeur, il se leva de sa place et, se penchant par-dessus l'homme qui s'effaça, il saisit le guidon. Les yeux fixés sur l'autre bord, il maintint l'automobile en direction.

— Quelle bête et inopportune sensation, dit-il en rendant la barre au mécanicien dès qu'on fut sur la terre ferme ; et si nous étions arrivés un quart d'heure plus tard nous n'aurions pu passer. Ces crues sont très rapides. Celle-ci résulte de quelque violent orage qui a dû éclater dans le haut pays.

Mongarrot reprit sa place et l'automobile repartit. Laissant à gauche le camp Bataille, d'ailleurs abandonné pour cause d'insalubrité, la piste gravit les premières pentes du pays Zemmour à travers une broussaille épaisse. On ne s'arrêta que fort peu au poste de Khemisset pour prendre de l'essence. Il s'agissait en effet de gagner du temps, partout où la piste le permettait, pour ne pas être surpris par la nuit entre Tedders et Oulmès, région encore peu sûre. La piste aménagée traverse entre Khemisset et Tiflet une région sablonneuse où l'automobile fatigua beaucoup. Il fallut plusieurs fois stopper pour laisser refroidir le moteur.

Mongarrot, au milieu de ces péripéties diverses, restait toujours silencieux et complaisant. Martin parlait de choses multiples sans prendre de repos.

Duparc, de plus en plus conquis par les imprévus constants du voyage, amusé par la conversation de Martin, revenait sur ses fâcheuses impressions et jugeait mieux ses deux compagnons. L'un, Mongarrot, était certainement un homme de très haute conscience, de manière délicate, et cette loi du silence qu'il s'imposait avait sans doute quelque cause profonde et respectable. Martin n'était pas l'homme aigri et débineur qu'on lui avait dépeint. Il parlait évidemment beaucoup, mais sa conversation était intéressante, nullement pédante. Elle ouvrait au nouveau venu des horizons curieux sur la vie des Français au Maroc et sur les mœurs indigènes. En résumé, c'était un homme sachant beaucoup de choses et les disant gaiement. Avant midi, Duparc se sentit presque réconcilié avec l'armée d'Afrique.

Les voyageurs ne s'arrêtèrent point à Tiflet qui est le chef-lieu du cercle des Zemmour. Le chemin à suivre se sépare en effet, un peu avant ce poste, de la route principale de Meknès à Rabat. L'automobile marchait rondement sur le terrain plus résistant d'un grand plateau où Duparc vit de nombreuses cultures et de beaux douars. Martin lui dit ce qu'il savait sur la façon de vivre de ces populations. Mais Duparc, qui suivait depuis quelque temps une idée, demanda :

— Qu'entendez-vous par roumi, qualificatif dont vous vous êtes servi tout à l'heure ?

— Le mot roumi, répondit Martin, est un adjectif emprunté à la langue arabe, dans laquelle il signifie chrétien, par le vocabulaire administratif militaire et civil en usage au sud du 35e parallèle et à l'ouest du 4e méridien. Il sert à désigner les agents de tout ordre et de tout grade que la métropole a embarqués, souvent malgré eux, et à qui le « puissant protecteur » a dit, avec un petit tapement de main sur l'épaule : «Allez là-bas, mon cher, il y a de bonne besogne à faire… vous me comprenez, n'est-ce pas…? et surtout écrivez-moi souvent…» Le mot roumi s'applique donc à un grand nombre d'individus qui, ayant subi l'épreuve de la barcasse, franchissent la barre de Casablanca et découvrent le Maroc.

— Voilà une merveilleuse définition, dit Duparc qui s'amusait.

— *Vir dicendi peritus*, fit Mongarrot qui suivait attentivement.

— *Et cum spiritu tuo*, dit à tout hasard Martin pour répondre à cette amabilité.

Et il continua, sans laisser à Duparc le temps d'étouffer la quinte de rire qui le secouait entre ses deux impayables compagnons : «Le roumi se distingue à des aptitudes et vertus nombreuses. Il a, entre autres, la faculté d'appliquer un jugement purement européen à des gens et des faits qui relèvent, ou résultent, d'un système philosophique et d'un climat tout différents de ceux d'Europe. Il a aussi la volonté singulière de faire régner, partout où il passe, l'ordre et les méthodes en usage dans son patelin d'origine. Cet état d'âme est plus ou moins tenace suivant les individus. Certains évoluent très vite, d'autres point. D'aucuns s'acclimatent immédiatement ; il en est, par contre, qui pourraient rester vingt ans en contact avec les gens et les choses de ce pays sans s'y intéresser le moins du monde. Ceux-là appartiennent au genre cuirassé.

— *Aes triplex*, murmura la voix de Mongarrot.

— Mais il y a d'autres espèces, continua Martin ; nous connaissons, par exemple, le roumi néfaste, le roumi inopérant, le pratique, le…

— Quel est le roumi néfaste ? demanda Duparc.

— Cette espèce comprend plusieurs variétés, reprit Martin, je ne saurais ici les décrire toutes ; mais, me tenant sur le seul terrain militaire, je vous en montrerai une par un exemple. Imaginez le chef d'un escadron à qui l'on aurait confié des chasseurs d'Afrique, qui en colonne s'écarterait à plus de deux cents mètres de l'infanterie et, sans y être forcé par l'absence de troupes spéciales, ferait faire à ces enfants de France un métier de spahis ou les enverrait battre l'estrade comme des partisans. Il est sûr de se faire rafler ses canards.

— Mais il ne pécherait que par ignorance, objecta Duparc.

— La première fois, répondit Martin ; la seconde, ce sera par roumite chronique. Maintenant cela vous intéresse-t-il de savoir ce qu'est le roumi pratique, le roumi poire, le roumi conscient, l'inconscient, le journaliste et toutes les variétés du roumi civil ?

— Ils sont trop, gémit Duparc, je me contenterai du roumi pratique, quel est-il ?

— C'est un modèle fréquent, en particulier chez les militaires ; sa doctrine se résume en une formule de quatre mots : Dix-huit mois, une colonne, une proposition au choix, le bateau. Laissez-moi, pour finir, ajouta Martin, vous signaler une sorte dernière. On n'en parle jamais, et c'est une ingratitude qu'il me plaît aujourd'hui de réparer. Il s'agit du roumi nécessaire.

— Quel est donc celui-ci ? dit Duparc.

— C'est le roumi de France, celui qui paie, conclut Martin.

Et tout en devisant de la sorte, les trois camarades atteignirent la grande vallée où se trouve, près du Bou Regreg, le poste de Maaziz. L'automobile d'ailleurs négligea celui-ci et continua sa route vers Tedders dont on apercevait au loin, entre deux collines, les tôles ondulées miroitant au soleil.

— Les Zemmour, reprit Martin, répondant à une question de son voisin, sont de très beaux Berbères, sains et robustes comme vous pouvez en juger d'après les spécimens que nous rencontrons. Leurs femmes ne simulent pas en nous voyant une terreur imbécile et mal jouée. Leurs enfants sont aimables et nullement effarouchés, ce qui est un excellent indice.

— Comment cela ? dit Duparc.

— Pour qui a observé avec soin les indigènes, reprit Martin, il n'est pas de meilleur baromètre de l'opinion intime des populations que le visage et la contenance des petits au contact du chrétien. Ceci d'ailleurs est surtout vrai chez les Arabes et plus encore chez les Maures des villes. Les enfants ne savent pas dissimuler et reflètent, dans la rue, l'état d'âme de la famille. Ils nous abordent tout impressionnés de ce qu'ils entendent des hommes et aussi des femmes, mère, tante, sœur ou servante. Celles-ci nous connaissent fort peu et les recommandations sans fin, par lesquelles leurs maîtres et seigneurs s'efforcent de les protéger contre nous, ajoutent à l'horreur instinctive produite sur leur esprit par les êtres impurs que nous sommes. Ces campagnards berbères sont moins compliqués que les habitants des villes et de la plaine. Ils sont peu imprégnés de philosophie musulmane. Leur résistance, leur réaction à notre contact proviennent, presque uniquement, de leur répulsion pour toute autorité. Mais ils s'islamisent de plus en plus à notre contact et chez eux la haine du vainqueur fait place, peu à peu, à la haine du chrétien. Nous ne gagnons pas au change. En attendant, ces gaillards que vous voyez, ces femmes qui ne se détournent pas à votre approche, ces enfants joyeux ne sont pas mal disposés pour nous. N'étant pas trop embarrassés encore de dogme hostile, ils apprécient la paix française sans arrière-pensée. Mais voici que nous approchons de Tedders…

— Et du déjeuner, remarqua Mongarrot.

Les officiers du poste attendaient leurs camarades dont le télégraphe avait signalé le passage à Khemisset.

Duparc fut très entouré. En qualité d'officier d'État-major, il devait avoir, pensait-on, des renseignements sur les projets du commandement, sur les opérations futures auxquelles tout le monde voulait participer. Il ne put, comme de juste, répondre à ces espérances. Ne venait-il pas à peine de débarquer ? Par contre, il apprit lui-même avec intérêt qu'il allait, après déjeuner, quitter la zone de pleine sécurité pour entrer dans un pays moins hospitalier. Les risques à courir n'étaient pourtant pas tels que les voyageurs dussent attendre un convoi pour gagner Oulmès en deux étapes. La voiture postale avait circulé depuis longtemps sans être inquiétée.

— Il ne vous faut que trois heures au plus, avec une automobile, pour atteindre Oulmès, leur dit le commandant d'armes, et vous devez rencontrer en route, au relais de la forêt de Harcha, le convoi qui descend sous escorte. Aucun djich n'est d'ailleurs signalé dans la région.

Commentant cette dernière réflexion, quand il fut de nouveau en route avec ses camarades, Martin remarqua :

— Le fait qu'aucun djich n'est signalé n'est point l'assurance définitive d'une parfaite sécurité. Nous sommes ici dans le pays de « la peur et du mensonge », suivant l'expression indigène. Jamais un indicateur ne donne le renseignement complet ou au moment strictement utile. Il y a donc toujours une part d'aléa dans un voyage à la limite imprécise du pays soumis.

— Et comment opèrent ces djich ? demanda Duparc.

— C'est, la plupart du temps, l'embuscade banale en quelque point de passage obligé. Les isolés, les petits détachements sont leurs victimes les plus fréquentes. Je les ai vus une fois provoquer, en coupant le fil télégraphique, l'arrivée d'une équipe de réparation qui fut massacrée. On prend depuis toutes les précautions voulues et d'ailleurs, rassurez-vous, ils ne se sont point encore attaqués aux automobiles.

— Et vous croyez que nous pourrions rencontrer de ces coupeurs de route ?

— Monsieur, répondit Martin, je ne crois rien du tout ; mais je suis toujours en méfiance. Aujourd'hui, je ne vous cacherai point que j'ai été mis en éveil par deux mots entendus à Tedders.

— Ceci devient tout à fait intéressant, fit Duparc, qu'avez-vous donc appris ?

— Appris n'est pas le terme exact, répondit Martin ; d'abord, si je savais quelque chose de certain ou même seulement de probable, nous ne roulerions pas à cette heure sur cette piste ; j'ai tout simplement rencontré un homme que je connais, qui me connaît et dont le tempérament d'indicateur est utilisé de temps à autre. C'est peut-être par lui que le chef qui nous offrit un si bon déjeuner a su qu'aucun djich ne courait le pays. Cet homme examinait d'un œil enfantin et curieux notre voiture arrêtée près du corps de garde. Quand il m'a vu, son visage est devenu soudainement sérieux et il m'a dit : « C'est toi, moui Captan, qui est dans la voiture ?... Ce n'est pas kif la grosse voiture du Coronnel, il n'y a pas de fusils ni de *taraka* » — la taraka, mon cher, c'est la mitrailleuse — et il a ajouté : « Les gens ici sont des enfants du péché. » Puis il s'est éloigné sans en dire plus long.

— Et vous en concluez ? demanda Duparc.

— Rien, mais comme je me disposais à aller chercher des carabines, j'ai vu Mongarrot qui avait eu sans doute la même idée et venait suivi d'un chaouch portant les flingots. Ils sont là attachés par une ficelle au marchepied.

— Deux cents cartouches dans la sacoche de portière, dit la voix de Mongarrot.

— Voyez, reprit Martin, comme le pays devient sauvage et compliqué. Remarquez aussi comme la piste est bonne. Elle est découpée dans le schiste et on roule sans poussière et sans boue. Par les nombreux lacets que vous distinguez, nous allons atteindre la crête à droite de cette énorme masse rocheuse qu'on appelle le Mouichenn. Nous filerons au revers sud pour ressortir là-bas, très à gauche, dans ce bois de grands chênes-lièges assez clairsemés. C'est la forêt de Harcha.

— Ce pays est impressionnant de rudesse grandiose, dit Duparc, et l'on pressent que les gens qui vivent ici doivent être très différents de ceux des villes et des plaines basses. Dites si je me trompe, à moins que la vitesse plus grande de la voiture ne vous gêne pour parler.

— J'ai pour mon malheur, dit Martin, une disposition spéciale à parler en tout temps et à toutes les vitesses, avec une égale franchise sur ce que je sais. L'homme, ainsi que vous le dites, est l'image du sol qui le nourrit ; et il est exact que les habitants de ces montagnes et de ces futaies sont rudes, sobres et vigoureux. Ils ont des mœurs et des passions violentes, mais pas de vices calculés, fruit d'un trop grand bien-être sous un climat ardent, fruit d'une philosophie complaisante pour l'espèce humaine et pour toutes ses aspirations charnelles.

— Voyez, interrompit Duparc, cette fumée qui s'élève là-bas à gauche sur ce piton couvert de petits arbres. Comme elle s'allonge toute droite dans l'air calme ! Ne croirait-on pas qu'elle sort langoureuse de quelque brûle-parfum ?

— J'y vois moins de poésie, dit Martin, ce doit être un charbonnier au travail.

— Ou un signal, dit la voix de Mongarrot.

— Les gens chez qui nous entrons, continua Martin, sans paraître faire attention à la remarque de Mongarrot, sont encore plus frustes, plus sauvages et plus indépendants de caractère que les Zemmour. Dans le vaste et fatal mouvement qui depuis des siècles a déferlé le monde berbère sur la plaine occupée par les Arabes, mouvement au cours duquel ces tribus luttaient non seulement contre les Arabes occupants, mais encore entre elles, les Zemmour semblent avoir été favorisés. Formant un groupe d'une cohésion plus grande, ils ont passé sur le corps d'autres Berbères et, dès qu'ils eurent découvert la région qui leur convenait, ils s'y accrochèrent avec vigueur. Protégés au nord par la grande forêt de la Mamora, défendus au sud par des massifs compliqués, à l'est et à l'ouest par de profonds sillons, ils se firent une vie indépendante et mirent en quarantaine le gouvernement des sultans. Ils coupèrent en deux l'Empire ; et ses maîtres, forcés de longer leur territoire pour aller d'une capitale à l'autre, furent obligés de traiter avec eux ; et ce même gouvernement qui en imposait à l'Europe ignorante de ces faiblesses était réduit, avec des sujets récalcitrants, aux moins glorieuses compromissions.

— Mais tout cela c'est de l'histoire qu'on écrira plus tard ; laissons d'ailleurs les Zemmour, puisque les gens chez qui nous sommes n'en sont plus mais se rattachent plutôt au groupe Zaïane.

— Le pays est en tout cas moins peuplé, dit Duparc, on ne voit plus de douars ni même de troupeaux ; je n'ai pas dans cette solitude l'impression très nette de sécurité que me donna la belle plaine de tantôt, avec ses nombreux groupes de campagnards occupés à leurs champs.

Martin ne répondit pas. L'automobile arrivait, à ce moment, par de vigoureux lacets tracés dans le schiste, à une ligne de faîte près du gros mouvement rocheux que les voyageurs avaient aperçu de loin. Devant eux une profonde dépression, la vallée du Bou Regreg, courait de l'est à l'ouest ; au delà un massif très boisé fermait l'horizon et, non loin sur la gauche, la piste très visible et jalonnée par des poteaux télégraphiques s'engageait en forêt.

La voiture s'arrêta un instant au sommet de la côte et le chauffeur vida sa réserve d'eau dans le radiateur.

— Dépêchons, dit Martin, sans quitter sa place, nous sommes ici à huit kilomètres du caravansérail de Harcha. L'automobile repartit.

— J'aurais bien voulu changer ou nettoyer mes bougies, dit le chauffeur.

La piste longeait le revers sud du Mouichenn ; à droite, le terrain disparaissait tout d'une pièce dans le grand sillon du Bou Regreg. Un peu avant d'arriver au bois, on passa devant quatre tombes alignées au bord de la route ; un petit monument en forme de pylône les gardait. La vitesse empêcha Duparc de lire les noms inscrits en creux, sous une croix, dans la plaque de ciment qui en parait la face.

— Un petit détachement qui est resté là, renseigna Martin.

Au moment où l'automobile prenait la piste sous bois, Mongarrot dit :

— Le fil est coupé.

Ses camarades vérifièrent le fait.

— Ceci est tout récent, dit Martin ; à Tedders, j'ai vu de mes yeux, dans la cabine du sapeur, arriver le télégramme d'Oulmès donnant la composition du convoi descendant. J'ai vu expédier le télégramme annonçant notre départ à 14 heures.

Duparc ne put s'empêcher d'admirer à part soi la perspicacité d'hommes du bled dont faisaient montre ses compagnons, leur faculté d'apercevoir et d'interpréter les détails dont l'importance n'apparaissait point à première vue.

— La fumée était donc bien un signal, comme tu l'as dit, ajouta Martin à l'adresse de Mongarrot.

Un bruit retentit qui semblait l'éclatement d'un pneu ; mais la voiture roulait toujours vivement et le bruit se répéta, devint claquant.

— Ils tirent, dit Martin, de ce mamelon rocheux et dénudé, là-bas, en avant de nous. Vous, ajouta-t-il en s'adressant au chauffeur, occupez-vous uniquement de votre machine et de votre direction.

— *Age quod agis*, fit Mongarrot, qui détachait les fusils et les passait à ses compagnons.

— Nous les sèmerons, dit Duparc qui n'entendait plus de coups de feu.

— Voire, dit Mongarrot qui distribuait des cartouches.

— La piste est fort sinueuse entre tous ces mamelons boisés, expliqua Martin ; ils peuvent, par un raccourci, nous rattraper. Nous allons arriver à une grande clairière que la piste traverse obliquement avant de rentrer à nouveau dans la forêt. Nous serons là à quatre kilomètres du caravansérail où le convoi doit être campé depuis midi.

A un détour brusque de la piste débouchant sur la clairière, le chauffeur bloqua sa voiture qui fit un soubresaut des quatre roues et, malgré tout, vint heurter un obstacle. Un arbre énorme gisait en travers de la route.

— Les voilà ! dit Mongarrot.

La forêt cessait tout d'un coup pour reprendre à quelques centaines de mètres plus loin. L'intervalle dénudé montait à gauche, en pente raide, vers une crête rocheuse qui fermait le tableau de ce côté. A droite, la clairière s'élargissait et se perdait dans une vallée dont on ne voyait rien.

Mongarrot avait aperçu, encore loin, les « salopards » dévalant de l'arête rocheuse, bondissant éparpillés, le fusil à la main, avec cette extraordinaire agilité des fantassins berbères. Les trois amis se portèrent en demi-cercle en avant de la voiture.

— Ils sont nombreux, dit Martin, et ils attaquent en règle : encore trop de distance.

Le chauffeur examinait sa machine et tapait à grands coups de marteau sur sa manivelle faussée.

Deux minutes s'écoulèrent, puis Martin dit :

— Je crois qu'on peut commencer.

— Chacun sa part, fit Duparc, qui était artilleur.

— *Cuique suum*, dit Mongarrot.

Les trois fusils entrèrent en action et, après une quinzaine de cartouches, les silhouettes bondissantes se terrèrent et disparurent.

— Ceci, mes amis, dit Martin, le fil coupé, l'arbre en travers, ce n'était pas pour nous, car ces gens ne pouvaient savoir notre venue. Ils en ont été avertis tardivement par le filet de fumée que vous avez vu. C'est un fort parti qui en veut au convoi et qui aurait bien voulu nous choper avant que nous eussions tiré un coup de fusil. Écoutez !

Le bruit d'une salve lointaine arrivait.

— Le combat est engagé, dit Martin, et plus tôt que l'ennemi ne l'aurait voulu. L'éveil a été donné au camp par notre pétarade. Il nous faut sortir d'ici, traverser vivement la clairière sous le feu des lapins qui sont terrés là-haut, gagner l'autre bois et serrer sur le convoi.

— Mais si la route est encore barrée ? fit Duparc.

— Je ne le crois pas, dit Martin ; voyez l'effort qu'il leur a fallu pour traîner ici cet arbre mort.

Les quatre hommes, réunissant leurs forces, eurent grand'peine à écarter de la piste le tronc qui la barrait. Puis le chauffeur éprouva des difficultés pour remettre en marche son moteur. Il fut nécessaire encore, par un feu nourri, d'arrêter les indigènes qui faisaient un nouveau bond vers la voiture. Et quand celle-ci fut en marche, une volée de balles claqua tout autour. Au loin, la fusillade s'accentuait.

La situation de nos voyageurs était critique. Les gens qui les attaquaient n'étaient qu'un faible parti, d'une dizaine d'hommes peut-être, détaché du gros des assaillants avec mission de s'emparer de la voiture. Il était à craindre que, repoussés par le convoi, les autres indigènes ne se rejetassent sur l'automobile, cause par son arrivée imprévue de l'échec de leur tentative. La vitesse seule pouvait tirer d'affaire la petite Ford et ceux qu'elle portait. Or, le moteur cognait et l'allumage était irrégulier.

La traversée de la clairière s'acheva pourtant sans mal. Une forte odeur d'absinthe indiquait seulement que la caisse placée à côté du chauffeur avait été touchée et coulait.

Dès le sous-bois, les balles qui cinglaient autour d'eux s'espacèrent. Mais Mongarrot signala que les assaillants distancés se jetaient derrière la voiture, comptant peut-être sur un arrêt obligé. Devant, la fusillade était de plus en plus distincte et ponctuée par des feux de salve.

La piste montait et le moteur peinait ferme.

— Nous allons arriver en plein combat, dit Martin, et au revers des assaillants. Cela va être tout à fait intéressant.

Il fallut pourtant descendre et pousser vers le haut de la côte la voiture qui n'en pouvait plus.

— Il est à noter, continua Martin, tout en poussant, que ces Berbères, qui savent si bien nous manœuvrer au combat, sont tout de suite démoralisés dès que nous les manœuvrons nous-mêmes. Je serais curieux de voir si notre intervention sur leur ligne de retraite…

On parvenait au bout de la côte. Dans une vaste clairière, le convoi apparaissait groupé au centre du caravansérail. Une section le gardait prête à parer au mouvement tournant, tandis qu'une compagnie et demie, à peu près, recevait, déployée sur un front très étendu, l'attaque des Berbères qui paraissaient en nombre. Ceux-ci tournaient le dos aux voyageurs et à la machine. Mongarrot l'avait prudemment stoppée d'un geste derrière la crête.

Le chauffeur prit son fusil et rejoignit les officiers qui, à plat ventre sur un talus, examinaient le terrain devant eux.

— Voyez, dit Martin, la façon de combattre de ces Berbères…, quelle admirable leçon le hasard nous donne aujourd'hui en nous plaçant de ce côté-ci du tableau ! Voyez comme cette ligne de tirailleurs utilise le terrain et peu à peu glisse vers la droite entraînant notre riposte. Voyez ! voyez ! ajouta-t-il, le bras tendu vers la gauche, on les distingue à peine, tant la couleur de leurs nippes se confond avec celle des cailloux ; ils sont là toute une masse en réserve et prêts à bondir sur le camp défendu par une seule section.

— Il ne semble pas qu'il y ait de chef, dit Duparc, et pourtant tout cela marche avec ordre.

— Le camp, continua Martin, ne peut voir le groupe caché et qui le menace. Tout le reste n'est que pour amuser l'escorte. Le grand effort va se déclencher tout d'un coup sur le caravansérail. Il nous faut faire cinq cents mètres de plus avec la voiture, nous arrêter à hauteur de ce gros rocher et là, ma foi, ouvrir un feu d'enfer sur tout ce que nous verrons.

Le chauffeur avait déjà compris et mis son moteur en marche. Quelques secondes plus tard, la voiture dévalait à une allure folle, tous freins lâchés, le mécanicien cramponné furieusement à son volant pour résister aux secousses.

— Halte ! et prends ton fusil, Grégoire ! cria Martin au chauffeur.

Les Berbères avaient vu la voiture. Tous se levèrent, se démasquant pour les voyageurs et aussi pour la section en réserve qui ouvrit le feu au moment même où le tir précis des officiers les prenait à revers. Il y eut un éparpillement de toute la masse et il sembla un instant que la rocaille roussâtre se mouvait ; puis l'objectif s'évanouit laissant de nombreux corps derrière lui.

Sur le front de combat, les Berbères qui manœuvraient l'escorte, entendant une vive fusillade en arrière d'eux et à gauche, lâchèrent prise. Ils disparurent complètement et rapidement pour la compagnie dans un repli de terrain que les voyageurs voyaient parfaitement d'enfilade. Les quatre fusils firent rage sur tout ce qui apparaissait courant au ras du sol dans ce creux. En même temps, on entendit des cris : c'était la compagnie, qui, baïonnette au canon, se lançait en avant et bientôt couronnait la crête abandonnée par les Berbères.

— Erreur, cette charge dans le vide ! cria Martin.

En effet, avant même que les fantassins fussent arrivés sur la crête, il n'y avait plus personne derrière, sauf deux corps tombés. Les Berbères avaient reflué sur la lisière du bois prolongeant la ligne de leurs camarades du groupe de gauche. Et, presque instantanément, une fusillade partit du bois et la compagnie dut se terrer. Les assaillants manœuvraient en repli ou préparaient une autre attaque. Les balles pleuvaient autour de la voiture.

— En route à toute allure vers le camp, cria Martin, sinon les camarades vont vouloir nous dégager et ce sera la pire des choses. Ils sont bien sur cette crête. Il ne faut pas leur donner la raison d'en sortir.

La voiture marchait mal, mais, aidée par la pente, elle roula cahin-caha vers le caravansérail. La compagnie occupant un pli dominant toute la vaste clairière de Harcha activa son feu sur la lisière du bois, cherchant à protéger la progression de l'automobile. Celle-ci avançait lentement. Autour d'elle, sur les pierres, crépitaient les balles partant du bois, déjà à une assez grande distance.

Soudain, le grand corps de Mongarrot fléchit et son front vint toucher le dossier du chauffeur…

Quelques instants plus tard, le toubib du convoi examinait le blessé étendu au milieu du caravansérail. Mongarrot ne paraissait pas souffrir et souriait doucement. Le médecin rapidement fixé s'écarta et, par un geste, indiqua à ses compagnons que l'homme était perdu. La balle avait fracassé la colonne vertébrale. Duparc et Martin tenaient chacun une main de leur ami.

— Je vais mourir très vite, dit celui-ci. Et il demanda qu'on lui apportât sa trousse de voyage.

Fébrilement Duparc courut à la voiture, rapporta le nécessaire et, parmi les objets qu'il contenait, trouva un étui plat.

— C'est cela, dit le blessé.

Il y avait là dedans un petit crucifix pareil à ceux que portent sur la poitrine certaines religieuses. Duparc le plaça entre les deux mains de Mongarrot ; très péniblement celui-ci parvenait encore à les joindre.

Les deux officiers discrètement passèrent derrière le blessé, laissant celui-ci à son ultime recueillement.

Cela ne dura pas une minute. Le crucifix, échappant des mains qui ne pouvaient plus le tenir, tomba sur la poitrine du moribond. Duparc et Martin se rapprochèrent vivement, juste à temps pour entendre la voix de leur ami qui disait :

— *Nunc dimitte servum tuum, Domine.*

Et ce fut la dernière citation latine de Mongarrot, capitaine de cavalerie.

Martin pleura longtemps, il fallut l'emmener comme un enfant. Et Duparc, reposant le soir sous la tente d'un camarade, se prit longuement à réfléchir à tout ce qu'il avait vu et fait depuis le matin. Et très loyalement il convint que, s'il y avait, comme il le disait à Casablanca, « quelque chose à faire », c'était évidemment de se mettre à l'unisson de tous ces braves gens.

Il l'a fait d'ailleurs et jusqu'au bout, et nous le pleurons lui et Martin et tant d'autres, tant d'autres des belles divisions africaines !

La Prière du soir

« … et la Juive en inquiétude qui cherche son messie… »

FLAUBERT.

Le chrétien ou, comme ils disent, le fils d'Edom, l'*Idumi* sortit et la lourde porte de la maison mauresque se referma derrière lui.

C'était une maison mauresque tout à fait. Comme elle était en contre-bas du chemin très en pente, on n'en voyait au dehors que la terrasse étendue dont tout un côté tenait au formidable mur en pisé de la vieille enceinte. De ce mur sortait un figuier, divers autres arbustes et du sommet pendaient en grappes épaisses les raquettes épineuses d'énormes cactus. Les parties du parement visibles entre les plantes montraient les trous jamais bouchés qui avaient servi jadis aux échafaudages des bâtisseurs. Des essaims de frelons y entretenaient leurs alvéoles et des lézards très laids et plats y vivaient en silence.

Devait y vivre aussi le *hanech*, gardien de la maison et de toutes les autres rangées comme celle-ci le long du mur, bien que les bonnes gens du quartier prétendissent avoir chacun chez soi, logé aux fentes de sa terrasse, le serpent appelé Moul ed Dar, le maître de la maison. Tout le monde ne peut avoir dans les villes son nid de cigognes, autres gardiens qui, la chose est avérée, réservent leur faveur aux édifices religieux et aux grandes demeures des citadins riches.

C'était donc une maison mauresque tout à fait ; les deux portes franchies et refermées, on avait la sensation d'être séparé du monde et d'entrer dans du calme. Le patio proprement carrelé de zellij était petit mais se doublait d'une galerie couverte formant cloître. Quatre forts piliers blanchis à la chaux, portant des madriers de cèdre, soutenaient la terrasse aux quatre angles du ciel ouvert. Un grillage de tringles en fer largement espacées garnissait celui-ci, assurait l'inviolabilité de la maison musulmane, sans gêner en rien le passage de l'air et du soleil, des frelons et des lézards. Enfin, sur chaque face du cloître, d'immenses portes en cèdre donnaient accès aux appartements.

Il faisait nuit quand sortit le maître, l'Idumi, et que se fermèrent les portes derrière lui. Dans le cloître, un grand chandelier posé sur le sol près d'un pilier éclairait le patio d'une lumière jaune. Debout dans ce silence, la femme juive, toute vêtue de blanc, regarda la porte qui venait de se clore et de suite mesura l'immensité de son malheur.

Elle était seule entre les quatre gros piliers blancs, seule avec le candélabre dont la flamme vacillante remuait de grandes ombres imprécises ! N'était-ce pas l'ombre des piliers ? N'était-ce pas son ombre à elle ? Elle était donc seule avec son ombre qu'il est défendu de regarder, disait rabbi. Non vraiment, il valait mieux croire à l'ombre d'un pilier !... Elle était seule, l'âme inquiète et les « autres » sans doute la regardaient et aussi « les voisins qui sont sous la terre ». Elle pensa que si le hanech entrait, elle ne le verrait pas, le hanech qui vient la nuit sucer le lait des femmes ; et elle fit un geste pour protéger sa poitrine.

Puis elle eut cette idée que, dans son abandon, le hanech lui serait une compagnie, qu'il ne ferait pas de mal à la fille d'Israël qu'elle était, pas plus que le serpent dont on parle dans les synagogues et qui s'alliait, en sa fruste pensée, à la redoutable figure de Moïse, de *Sidna Moussa*.

Elle l'appela : « Moul ed Dar, ajji ! » Mais sa voix dans le silence de la cour à peine éclairée lui fit peur ; son angoisse s'accrut et, désolée, elle se laissa choir auprès du chandelier. Là, étendue le bras sous la tête, ses pieds nus ramenés dans sa longue *faradjia* blanche, elle maudit sa condition servile qui la tenait enfermée seule et peureuse dans cette nuit de sabbat, loin de tout ce qui pour elle en sanctifiait les heures, loin de ceux de sa race qui la maudissaient certainement pour son absence. Elle entendit les mélopées que les mâles chantent devant le *kas el qeddous* à l'heure de la libation rituelle. Elle vit des gestes mystérieux et murmura des mots de cabale. Peu à peu, envahie de torpeur extatique, elle perçut les chants des synagogues qui rappellent un à un tous les malheurs du peuple élu, qui clament les fureurs du Dieu-Roi, annoncent des châtiments, profèrent des malédictions, disent les aspirations déçues, les espoirs immenses. Et toutes ces choses, souvent répétées mais incomprises d'elle jusqu'alors, lui apparaissaient maintenant, dans son demi-sommeil, claires, utiles et fatales. L'âme de sa race se glissant dans son rêve l'envahissait, la possédait. Elle eut l'impression d'une force qui lui venait, d'un orgueil, de l'orgueil d'être juive, d'appartenir à un peuple qui avait tout vu dans le passé, qui dominait le présent et savait son avenir ; elle prophétisa en rêve des choses ignorées et formidables, d'autres stupidement banales, elle se crut Esther et Judith ou Débora. Puis, évoluant des aspirations mystiques aux appétits violents, elle se vit riche et par conséquent adulée des siens, recherchée des hommes ; elle compta des sacs d'or et revit des orgies. Et tandis que s'attardait son extase, tout son être s'abîma au souvenir des caresses brutales qui suivent les beuveries de *maïa*, dans la promiscuité des demeures encombrées.

L'excès de ces impressions la secoua d'un frisson et la fit se redresser à demi. Elle eut la sensation d'être plus seule dans la demeure plus sombre. En effet, la bougie n'éclairait presque plus ; la mèche, parvenue sans doute en un de ses points faibles, crépitait dans une petite flamme très jaune dont la base flottait sur un excès de paraffine fondue. La lumière qu'avant de s'en aller le domestique musulman, le goïm, avait allumée pour elle, allait s'éteindre ! La juive sentit s'écrouler tous les courages de son rêve à la pensée de rester seule dans l'obscurité ; il ne lui était pas possible de toucher à ce feu pour le raviver, pour le rallumer s'il disparaissait. C'était le jour du Seigneur et rabbi n'était pas venu encore rompre le sabbat.

Mais, pendant qu'elle sommeillait, un des « voisins qui sont sous la terre » ne lui aurait-il pas joué ce vilain tour de jeter un sort sur la bougie ? La chose était fort probable, se dit-elle, et aussitôt elle poussa le cri qui conjure cette sorte de maléfice : Haïrim ! A peine l'eut-elle proféré que déjà ses doigts pinçaient ses lèvres pour éviter la fatale erreur de répéter ce mot ; car tout le monde sait que le dire une seconde fois détruit complètement l'effet de la première.

Ainsi considéré, l'affreux danger de voir la lumière disparaître cessa de l'inquiéter. Du moment qu'il s'agissait de sorcellerie, elle était à son affaire et le courage lui revint avec le sentiment de sa supériorité. La lumière était malade, elle la guérirait, lui dicterait sa volonté, sans être pour cela obligée de la toucher. Et elle se mit à l'œuvre, vite, mais avec sûreté pour envoûter la méchante. A genoux, à quelque distance du candélabre, le corps penché en avant, tout son être et toute sa volonté de sorcière tendus vers le but à atteindre, lentement elle descendit vers la lumière mourante ses deux mains dont le bout des doigts se touchant formaient un anneau. Et cet anneau prudemment encercla la petite flamme. Des mots, murmurés très bas et très vite, agitaient ses lèvres et telle était l'attention qui l'absorbait, que le hanech, les « autres » et tous « les voisins qui sont sous la terre » auraient pu apparaître dans l'ombre des grands piliers sans qu'elle en fît le moindre cas. Puis l'incantation sans doute étant achevée, les deux mains lentement se séparèrent, libérant la flamme qui clignotait dans son bain de matière fondue. Poursuivant leur mouvement lent et continu, les mains se joignirent sur la tête de la juive et défirent rapidement le mouchoir de soie qui la coiffait et qui, tassé en une boule froissée, resta dans la main droite. Trois fois, avec lenteur, la main tenant le mouchoir passa au-dessus du candélabre envoûté et chaque fois la sorcière prononça à haute voix ces paroles : « Ahilaha Braham ! Ahilaha Ishaq ! Ahilaha Yacoub ! O Abraham ! O Isaac ! O Jacob ! » Pivotant ensuite sur ses genoux, elle tourna le dos à la lumière et, tandis qu'au bout du bras tendu, les doigts tenant le mouchoir se dénouaient laissant lentement se déployer et couler la soie jusqu'à terre, d'un ton grave elle proféra en hébreu un ordre qui peut se traduire ainsi : « Sois pareil à la descendance de Joseph ; sois aussi beau que lui, aussi beau que ses dix frères étaient laids ! »

A ce moment, la flamme ayant dépassé sans doute le point critique de la mèche s'allongea, brilla et la cire débordant coula en bave au long de la bougie ressuscitée. Très simplement, avec ce calme que donne devant le succès la certitude qu'on en avait, la sorcière s'assit les jambes repliées sous elle au bord du patio, sans s'occuper davantage de la malade guérie.

Presque aussitôt, d'ailleurs, la flamme pâlit à nouveau mais pour une tout autre cause. La lune, une lune de dix jours déjà étoffée s'était levée et montra son croissant bien net dans le grand carré bleu de nuit que découpait le ciel ouvert du patio. Une lumière douce et calme envahit la maison, diffusant les grandes ombres et bleuissant la blancheur laiteuse des piliers. La femme vit l'astre, une vraie joie s'épanouit sur son visage et, comme il sied entre gens de connaissance, la conversation s'engagea.

— Ya Lalla, M'barka, O madame bénie. Tu viens d'arriver ? Bonsoir ! Tu es venue me tenir compagnie ! La bénédiction sur toi ! Dieu que tu es belle, ya Lalla !

Et toujours assise, le visage tourné vers l'amie bienfaisante, les mains jointes simulant un livre ouvert, la juive s'absorba en quelque mystérieuse action de grâces où s'épanchait sa pauvre âme réconfortée.

Le chant d'une *ghaïta* ponctué des contretemps du *goual* s'éleva dans la nuit de quelque maison voisine et l'oraison en fut interrompue. Sans effort apparent, la femme se dressa et, tendant ses bras vers la lune, elle lui cria avec un balancement mutin de la tête :

— Tu as apporté de la musique aussi. Ya Lalla ! que tu es bonne, je t'aime, je vais danser pour toi !

Alors toute droite, la tête un peu renversée en arrière, les bras étendus, les mains pendantes, en une pose hiératique rappelant des cortèges aux frontons de Thèbes ou de Memphis, elle dansa. Suivant avec une précision étonnante le chant de la ghaïta et les temps forts du goual, tout son corps ondulait dans la longue faradjia blanche ; épousant l'oscillation des genoux, le bas de cette robe tournait en cloche découvrant légèrement tour à tour les pieds nus au rythme fidèles qui lentement glissaient. Entre ses lèvres battait un susurrement saccadé qui avait saisi le contre-temps du tambour lointain et ne le perdait pas. Et tout cela faisait un ensemble surprenant de sons, de mouvement et de blancheur qui se confondait et tout doucement évoluait, entre les quatre lourds piliers, dans le faisceau lunaire.

Quel mystère, quel rite lointain accomplissiez-vous ainsi, étrange fille de Sem égarée aux tentes de Japhet ? Ne craigniez-vous point les colères d'Yahvé, du Dieu jaloux qui vous fut légué par vos pères et qu'enseignent vos rabbins hirsutes ? Avez-vous toute seule, sorcière que vous êtes, rénové par pure intuition le culte de Sin, d'Istar ou d'Astarté que vos ancêtres pratiquèrent aux rivages de Cham ? N'est-ce pas plutôt à travers les âges, à travers toute votre race chercheuse d'inconnu, quelque rappel en votre âme désordonnée des erreurs d'Israël au temps d'Isaïe et de Manassé ?

Telle fut sans doute l'opinion de Rabbi Youda qui discrètement venait d'entrer et qui, d'un angle obscur du cloître, regardait la danseuse extasiée. Sans doute aussi jugea-t-il nécessaire de rompre le charme païen qui imprégnait cette scène, car durement sa voix proféra, au lieu du salut habituel de l'arrivant, la formule mosaïque qui depuis des siècles rappelle à ce peuple son inéluctable voie : *Sima Israël ! Adonai ilihino adonai ihad !* Écoute Israël ! Adonai notre Dieu est un Dieu unique !

La danse s'arrêta net et la femme courut vers celui qui si brusquement l'avait tirée de son rêve.

— Rabbi ! comme tu viens tard ? Tu n'as pas peur la nuit dans la rue au milieu des fils du « pachoul », de tous ces musulmans ? Que Dieu brûle leur religion !

— Non, par Dieu ! d'abord je traverse le marché où les petites boutiques sont ouvertes à cette heure pour la vente du soir. Les gens dorment pendant le jour... je connais presque tous ces marchands, je passe de boutique en boutique et puis les chrétiens ont mis à peu près partout des lumières et des « poulice ». Que Dieu bénisse le Gouvernement !

— Amine ! mais tu aurais pu venir plus tôt !

— J'ai été appelé à la maison de Mourdikhaï Cohen. Il est absent et sa femme était dans les douleurs. L'enfant ne voulait pas venir et la famille m'a demandé de réciter l'*aquida*. Cette prière est longue et peu de gens la savent comme moi. Elle est souveraine ; l'enfant est venu presque aussitôt.

— Louange à Dieu ! mais tu me raconteras cela tout à l'heure. Vite ! Le moment est passé de *Bark el guiffen*.

— En effet, dit le rabbin qui s'installa au seuil d'une des pièces dont la femme ouvrit largement les hautes portes pour que la maison entière profitât de la bénédiction.

Rabbi Youda était un de ces rabbins marrons comme il y en a dans tous les mellahs et qui y vivent en marge de la communauté israélite. Physiquement, il était pareil à tous ses collègues ; son facies sémite s'ornait d'une respectable barbe blanche ; il était vêtu d'une longue lévite noire serrée à la taille par une ceinture ; un vilain mouchoir à carreaux qui avait été bleu lui couvrait la tête et se nouait sous le menton, coiffure d'allure féminine imposée jadis par les musulmans impitoyables. Enfin, depuis que les Français étaient là, il avait, comme premier essai d'émancipation, remplacé les *balra* faciles à enlever au voisinage des mosquées par une paire de souliers plus inamovibles. Rabbi Youda était certainement un peu plus négligé et sale que la moyenne de ses coreligionnaires. C'était là un effet de sa pauvreté, mais un reflet aussi de son esprit et de ses tendances.

Livré pour vivre à des besognes inférieures qu'il arrachait pourtant de haute lutte aux rabbins en titre, il passait chaque jour de maison en maison, égorgeant pour un sou des poulets, disant des prières mal payées aux chevets des pauvres, ses frères, coupant au rabais des prépuces miséreux.

Il était d'ailleurs bien reçu dans les divers milieux ; d'abord chez tous ceux qui composent l'inexprimable plèbe des mellahs, le peuple loqueteux, affamé, superstitieux et jaloux qu'écrase la morgue des riches et des pharisiens en place. Et ces derniers l'accueillaient en raison même de l'influence qu'il avait sur la masse.

Avec quelques autres de son genre, il représentait le parti d'opposition à l'oligarchie qui menait les affaires de la communauté. Souvent on l'avait vu guider, mais dominer aussi les remous de colère, généralement provoqués par des questions de logements trop exigus ou de secours inéquitablement distribués, qui dressaient parfois la plèbe juive contre ses chefs et secouaient rudement le mellah aux portes closes. Il était enfin sectaire et sioniste révolutionnaire. Aimé du peuple dont il représentait les aspirations, il était redouté de tous pour l'indépendance de son caractère, la tournure mystique de son esprit et une réelle culture hébraïque dont il faisait montre avec violence. Il lui arrivait parfois, en des crises religieuses qui impressionnaient ses ennemis mêmes, de se lancer par les rues puantes en poussant des imprécations prophétiques où passait tout Ézéchiel et tout Jérémie. On voyait alors les femmes se jeter dans les corridors en criant de terreur et les hommes se coller aux murs sur son passage muets, furieux, mais impuissants et émus par le souffle vraiment juif qui animait l'énergumène.

C'était là d'ailleurs le grand jeu causé le plus souvent par un excès de misère, car Rabbi Youda était naturellement d'humeur très sociable. Il avait pour lui les femmes qui baisaient leur index quand elles avaient prononcé son nom, ce qui présageait qu'après sa mort il jouirait d'une longue vénération, tout comme Rabbi Kebir de Sefrou ou Rabbi Amran d'Ouezzan. En attendant, il se débrouillait pour vivre de son mieux. Parmi ses ouailles, le rabbin visitait quelques femmes de sa race qui, sans famille ou besogneuses, s'étaient mises en service chez des chrétiens et, pour cette raison, étaient un peu comme bannies de la communauté. La vie des juifs marocains est tellement surchargée de pratiques religieuses, à ce point compliquées de détails infimes et obligatoires, qu'elle s'accorde mal avec un travail continu chez des Européens. Le chômage rituel prend près de cent jours par an. Les gens aisés peuvent encore tourner et tournent couramment ces prescriptions ; les affaires sont les affaires ; mais elles n'en constituent pas moins une grande gêne pour le simple salarié et encore plus pour les femmes qui sont normalement tenues dans une sujétion d'une rigueur extrême. Nous traitons ici du cas général des communautés à forte cohésion hébraïque. Mais il y a des exceptions produites fatalement par une réaction contre ce rigorisme même. L'exemple s'en trouve dans certains ports où le commerce avec l'Européen adoucit les angles religieux et facilite les contacts. Mais, quel que soit le relâchement de la coutume juive, il y a des époques où Israël reprend sur l'individu ses droits immuables et où cet individu rentre soumis, discret et prudent dans les mailles serrées de sa doctrine et s'y complaît. C'est en faisant allusion à ces multiples détails de la vie juive, à ces mille petits riens sus par tous qui remplissent d'une religiosité intime chaque heure et chaque geste de l'israélite marocain, qu'un des plus notoires membres d'une des grandes communautés disait un jour : « Qu'un Européen parvienne à se faire passer dans le bled pour un musulman, c'est peut-être possible, mais qu'il prétende pouvoir être pris pour un juif parmi les juifs, même sous le déguisement le plus parfait, jamais ! »

Donc parmi ses clientes « hors les murs » Rabbi Youda visitait régulièrement celle-ci qu'un engagement sévère tenait éloignée du mellah, même le jour du sabbat. Il avait une emprise particulière sur l'âme de cette femme, mélange compliqué de religiosité, de faiblesse intellectuelle, corrigé brusquement par des sursauts de volonté et de sens pratique. Rabbi Youda entretenait pieusement l'esprit de sa cliente dans la terreur des châtiments célestes réservés aux mécréantes qui vivent hors des mellahs, dans la promiscuité des fils d'Edom ou des goïm, font la cuisine le samedi, mangent forcément dans des plats souillés par le mélange affreux du beurre et de la viande de bœuf et commettent des quantités de crimes du même genre.

Le bon juif aidait sa coreligionnaire à accomplir ce qu'il appelait la période exilique de sa vie. Cette charité s'accommodait, d'ailleurs, avec son sens exact des réalités positives ; tous les jeudis, il passait à domicile et prélevait une bonne part du salaire de la femme exilée, moyennant quoi il lui apportait, le vendredi soir, la nourriture rituelle, la *skhina*, qui lui permettrait jusqu'au dimanche de manger des choses pures selon la loi et, si elle touchait au feu, de dire que ce n'était pas pour elle-même. Toute la famille du rabbin vivait du même coup pendant vingt-quatre heures aux frais de la servante. Le samedi, il venait à la chute du jour rompre le sabbat et bénir la vigne, faire enfin la cérémonie que doit accomplir un homme au moins par maison juive.

Devant le rabbin assis, les jambes croisées, au seuil d'une des pièces qui donnaient sur le patio, la femme plaça une petite table basse recouverte d'un linge blanc. Puis elle tira d'une malle un grand gobelet de cuivre très astiqué et brillant, le remplit d'un vin blanc qui devait coûter cher à son maître et posa le tout sur la *maïda*, auprès d'une branche de menthe verte et parfumée.

— Ce vin n'est pas *Kacher* mais il est bon, dit Youda, il est pur. C'est un des nôtres qui le fait venir pour le vendre aux chrétiens et qui en tire un bon bénéfice.

— De plus, reprit la femme, il est ici très enfermé par le maître ; le domestique musulman qui travaille avec moi ne le voit jamais.

— C'est bien, car le regard seul du goïm rend impur le vin le plus orthodoxe. Écarte-toi, femme ! Je vais prononcer le *Bark el guiffen*.

Alors, soulevant le gobelet en un geste d'offrande, d'une voix chantante, il dit un psaume qui célèbre la terre de Chanaan et ses richesses apparaissant au delà du désert devant le peuple hébreu échappé d'Égypte par douze chemins ouverts dans la mer... un psaume qui glorifie le vin pur sorti des fouloirs antiques de Sichem et de Gamala... Le haut de son corps accompagnait le chant d'un balancement continu sur chaque hanche. Et il termina par l'invocation d'Isaïe.

— Voici Dieu qui est mon soleil et mon secours ! par lui, enfants d'Israël, vous puiserez dans la joie l'eau des sources de l'allégresse !

Béni soit Dieu qui sépare la lumière des ténèbres. Le sabbat des six jours de travail !

Béni soit Dieu qui a créé les différentes espèces de parfums, les diverses lueurs du feu !

Béni soit Dieu qui a séparé les saints des profanes et Israël de toutes les autres nations !

Quand le rabbin parla des parfums, il posa le gobelet, prit les feuilles de la menthe odorante, les porta à ses lèvres puis à ses narines. En parlant du feu, de sa main placée devant la bougie, Rabbi Youda fit le geste de masquer et de démasquer la flamme qui, à la fin du sabbat, libère les juifs de l'odieuse et incompréhensible contrainte de ne pas toucher au feu. Enfin, il but une partie du vin et appela les hôtes de la demeure comme il l'eût fait en quelque case bondée du mellah.

La femme s'approcha, trempa un doigt dans le liquide, passa ce doigt sur sa nuque et en frotta la paume de sa main gauche. La cérémonie était terminée. La juive vint s'asseoir près de l'officiant qui achevait de boire le vin du gobelet.

— Et maintenant, rabbi, raconte-moi ce qu'il y a de nouveau, dit la femme, curieuse de revivre un peu la vie du mellah.

— Peu de choses cette semaine, dit le rabbin ; la femme de Braham Lévy a mis au monde une fille morte, c'est la seconde fois ; son mari va la répudier et épousera probablement la fille de Menahem, mon neveu. Les Khakhamine ont déclaré illicite pour son mari la petite Rina qui cause toujours avec les jeunes gens sur le pas de sa porte. On dit qu'elle a été surprise avec l'un d'eux. Mais le mari ne veut pas divorcer. Il prétend sa femme pure. Il y a des disputes sans issues et, comme toujours, les juges hésitent au lieu d'appliquer la loi sans faiblesse. J'ai proposé de prendre l'avis du rabbin de Salé. Tu comprends que c'est faire avouer aux imbéciles d'ici leur incapacité, leur ignorance des textes. Ah ! si j'étais, moi, rabbin, si les chefs français voulaient m'écouter, il y aurait plus de justice ! Mais au fait, ajouta le vieux juif, tu me fais perdre mon temps avec tes histoires. Ne me dois-tu pas aujourd'hui une réponse ? allons, ne fais pas l'étonnée… Le musulman avec lequel j'étais associé est mort. Je t'ai expliqué l'autre semaine comment son fils prétend ignorer que son père me devait cent mouds de grain. J'ai tous les papiers en règle, mais, pour obtenir gain de cause, il me faudra arroser les mokhazeni du Pacha, le Pacha lui-même et aussi le chaouch du bureau. Que me restera-t-il pour nourrir mes deux femmes et mes enfants ? Je suis un malheureux ! Toi, le maître que tu sers est un homme important. Il n'a qu'à faire dire un mot au Caïd de la fraction et je serai payé sans marchandage… tu m'avais promis d'en parler à ton chrétien… l'as-tu fait ?

— Bien sûr… mais le maître m'a envoyée au diable dans sa langue et m'a dit qu'il ne voulait pas s'occuper de plaintes de ce genre.

— Alors ! — s'écria le juif qui devint tout à coup furieux et gesticulant — alors, à quoi nous sert que tu travailles, toi fille d'Israël, chez cet Idumi, chez ce fils d'Aissab, si tu ne peux rien en tirer pour les tiens ? Fille maudite dès le ventre de ta mère ! Et tu t'appelles Esther ? Esther notre sainte qui consentit à épouser Ashverus pour sauver son peuple ! Quel est l'homme qui t'a donné ce nom, à toi qui n'es même pas capable de me faire rendre cent mouds de grain ? cent mouds, je te dis ! Et mes enfants qui meurent de faim !

Jugeant que son ouaille récalcitrante à servir sa cause commençait à s'affoler, le rabbin joua plus ferme l'intimidation. Il devint lyrique et prit un air inspiré.

— C'est entendu, tu veux que je t'abandonne dans ta misère. Je cesserai de venir ici ; tu n'entendras plus les saintes prières ; tu ne mangeras plus que des choses immondes. Bien mieux, voici toute proche la fête de Purim où nous allons précisément glorifier Esther et Mourdikhaï, où nous allons brûler solennellement les images d'Aman que préparent en ce moment les enfants dans les Talmud-Tora. Et quand les Khakhamine, devant le peuple remplissant nos synagogues, frapperont de leur marteau de fer la bûche, tu sais bien la bûche que l'on garde pour cette cérémonie, quand ils frapperont en criant : mort à Aman ! mort à ses enfants ! je serai là et les coups que je frapperai t'atteindront sur la tête. Tu seras confondue avec la semence d'Aman, fils de Malek, que nous tuons tous les ans depuis des siècles… car la colère de Dieu le veut ainsi… car nous nous vengeons et je suis, moi, pauvre malheureux, un peu de la colère de Dieu !

Rabbi Youda s'arrêta essoufflé de sa pathétique période et constata que la femme, contrairement à ce qu'il attendait, s'était ressaisie. Une idée pratique lui était venue et l'avait empêchée sans doute d'apprécier la virulente apostrophe de son vieil ami.

— Calme-toi, rabbi, fit-elle, et ne crie pas si fort ; on pourra peut-être arranger cette affaire. Par exemple, je dirai au maître que ces grains sont à moi... au moins en partie, que je n'ai personne pour m'aider ; il aura pitié de moi et s'en occupera, s'il plaît à Dieu.

— Combien veux-tu ? dit le rabbin immédiatement ramené au terre à terre et d'ailleurs inquiet.

— Tu me donneras deux foulards de soie neufs, pas plus.

— Es-tu folle ! deux foulards, mais c'est le prix de dix mouds au moins...

— Non pas, car en échange je te donnerai deux des miens encore bons, l'un pour ta femme et l'autre pour son associée. Elles les mettront pour la fête.

Le rabbin palpa le foulard que la femme lui tendit en exemple de ce qu'elle donnerait et le troc envisagé lui convint.

— Allons ! tu es une brave fille, c'est entendu et tu vas réussir sans retard ?

— Je ferai mon possible... mais, tu sais, en ce moment, les chrétiens oublient facilement ; il faudra peut-être que je revienne plusieurs fois à la charge... ils ne pensent qu'à la guerre...

— La guerre, fit Youda soudainement pensif, c'est vrai, il y a la guerre. Est-ce qu'il t'en parle, le fils d'Edom ?

— Jamais ; seulement il cause avec des amis qui viennent le voir et ils discutent pendant des heures. C'est vraiment une chose terrible ; plus de dix peuples se déchirent, des millions d'hommes sont morts, des centaines de villes sont détruites. C'est très triste et quand je les entends raconter ces choses, j'ai envie de pleurer.

— Pourquoi pleurer ? dit Rabbi Youda, tu dérailles, femme ! Garde tes larmes pour les tiens. Veux-tu, ajouta-t-il après une hésitation, veux-tu que je te console par avance de tout ce que tu peux entendre de ces gens ? Écoute, je vais te parler à cœur ouvert.

— Parle, parle, rabbi, ta voix est douce comme le miel.

— Ne peut-on nous entendre de la terrasse ? dit le rabbin, jetant un regard vers le ciel ouvert du patio ; approche-toi et parlons en hébreu...

La femme vint s'asseoir les jambes croisées devant son vieux maître ; leurs genoux se touchaient presque et rabbi ramena instinctivement les siens pour éviter le contact de cette femme qui pouvait être en état d'impureté.

Et Rabbi Youda dit ceci :

— Ne t'inquiète pas de la guerre. Laisse sans émoi ces peuples se déchirer. Certes, ceux des nôtres qui sont disséminés dans les pays chrétiens en souffrent et en meurent. Mais c'est là peu de chose dans l'ensemble de la question. Le principal est qu'Israël sortira fortifié extrêmement d'une épreuve qui pèse sur les races chrétiennes. Songe à ce qu'a souffert notre peuple dispersé au milieu des ennemis de sa foi. Ils nous disaient : «Votre loi est cruelle et dure, vous n'avez pas de pitié, vous ignorez la charité ; nous avons fait une autre loi plus pure, plus humaine.» Et ils ont créé quelque chose qui n'est qu'une déformation sentimentale de notre loi à nous. Ils n'ont pas compris que notre loi vient de Dieu et lui ressemble. Or Adonaï est terrible ; il ne s'occupe des hommes que pour les juger impitoyablement et les frapper. Ils ont inventé un Dieu doux et qui pardonne toujours, un Dieu pour les pauvres et pour les femmes. En son nom ils nous ont pourchassés, méprisés à travers les siècles, ne se doutant point qu'ils nous faisaient subir, par la volonté même de notre Dieu et non du leur, le jugement annoncé par nos prophètes. Aujourd'hui tout est renversé ; notre jugement se termine, le leur commence sans doute. Eux qui proclamaient la justice se livrent contre elle aux pires excès et la religion du Dieu doux, juste et bon étouffe dans un déluge de sang et sous un chaos de ruines.

Sur ces ruines Jahvé plane brandissant la loi et dans l'écroulement des choses, les convulsions des races, l'effondrement des idées fausses de charité, d'égalité, Israël se redresse et compte ses enfants. Tout cela, femme, te surprend et sans doute n'y comprends-tu rien. Tu n'as jamais connu tes frères autrement que jugulés, parqués comme des pourceaux, malmenés, méprisés. Vous en avez pris depuis longtemps votre parti et vous êtes arrivés à vivre de vos oppresseurs. Ceci prouve bien que notre race est faite pour dominer quand elle sera libre de toute entrave. Comparé à ce qu'était l'ancien, le régime apporté ici par les Français vous paraît agréable. Il ne te vient pas à la pensée qu'en d'autres pays il y a des communautés qui n'admettraient pas, dans les affaires qui ne relèvent que de la loi, l'ingérence d'une réglementation hétérodoxe. Tu ignores ce qu'est la puissance de ta propre race.

Mais moi, j'ai beaucoup voyagé dans tous les pays à l'époque où je parcourais la diaspora, quêtant pour nos frères opprimés de Russie et d'ailleurs. Je ne suis plus qu'un pauvre homme réfugié dans ce mellah misérable, cela parce que je n'ai pas été raisonnable ni heureux. Mais j'ai contemplé dans le monde la grandeur croissante d'Israël. J'ai plus étudié et j'ai plus vu de choses que vos ignares rabbins qui se réclament le matin de la loi et le soir du chaouch du contrôleur et vous mènent, usant de l'une ou de l'autre menace, suivant le cas.

J'ai donc vu Israël grandir et, de ses membres puissants, prendre à bras le corps le destin hostile. J'ai visité les superbes communautés, admiré les juifs de la terre dont la richesse règle le crédit du monde. J'ai vu des sultans gouverner leurs peuples à l'aide de vizirs à nous. J'ai vu dans d'admirables écoles les savants juifs enseigner les foules et nos enfants, dans une poussée de race incomparable, prendre le premier rang de tout ce qui travaille, de tout ce qui pense et gagne de l'argent.

Entraîné par son sujet, le vieux fanatique parlait maintenant pour lui seul sans s'occuper de la femme qui était devant lui. Celle-ci abasourdie de toutes ces choses qu'elle entendait pour la première fois, bercée, impressionnée par les accents de la langue sacrée dont se servait le rabbin, courbait la tête comprenant vaguement, devinant plutôt que tout cela exaltait sa race étrangement. Peu à peu, son buste fléchissait de respect, ses bras s'étendaient en un geste de muette adoration, tandis que la voix de son maître clamait la gloire d'Israël.

Et Rabbi Youda, tout à son rêve prophétique, continuait :

— Diaspora, ai-je dit ? Ce mot n'a plus de sens. Le peuple de Dieu a été dispersé, il ne l'est plus ; car toutes ses fractions grossies se sont soudées et forment un tout répandu sur le monde. Le peuple saint refait son unité morale et matérielle. Il est fort, il domine ; il n'a qu'un geste à faire pour redevenir une nation. Dans la lutte des peuples, il laisse ceux-ci se déchirer ; il n'a pas à prendre parti. Il lui suffit d'être, par le crédit, maître de l'heure où il dictera ses volontés aux peuples harassés et ruinés. Ce jour-là, puissé-je, ô mon Dieu, contempler ta gloire et le triomphe de ta loi ! Laisse-moi vivre assez pour que je puisse aller, en un dernier effort, voir Sion ressuscitée, ton temple reconstruit et ton peuple rassemblé, puissant et respecté, sur la terre de nos pères !

Dis *amen* ! ma fille, conclut le vieux sioniste.

Et la femme empoignée répéta : *amen, amen,* trois fois *amen.*

— Il se fait tard, je vais partir, dit le juif après un silence, que Dieu nous garde durant cette nuit ; qu'il nous fasse voir demain ! Et si nous devons mourir d'ici là, que notre dernier souffle s'exhale de nos cœurs purifiés par notre sainte profession de foi.

Et ensemble, avec une ferveur impressionnante, les deux voix proférèrent : « Sima Israël ! Adonaï ilihino Adonaï ihad — Écoute Israël ! Adonaï ton Dieu est un Dieu unique. »

A ce moment, on entendit les pas du maître qui revenait.

La femme courut ouvrir la porte et il entra suivi d'un domestique musulman qui portait une lanterne. En passant, il eut un petit geste à l'adresse du rabbin qu'il connaissait et celui-ci courbé en deux, obséquieux, sortit à reculons.

La juive se tint sur le seuil tandis que son ami disparaissait dans la rue obscure.

— Rabbi ! Rabbi ! cria-t-elle, n'oublie pas surtout les deux foulards de soie !

— Et toi, pense à mes cent mouds de grains ! c'est pour mes pauvres enfants...

Et la voix naguère si ferme du sioniste illuminé se perdit geignante dans le lointain.

L'Amrar

I

Il y a au Maroc des populations d'origines diverses qui toutes méritent une étude spéciale et attentive. Mais, sans aller si loin, on peut faire de tous les Marocains un premier classement très simple en deux catégories. Il y a d'abord ceux qui se laissent convaincre et se soumettent assez rapidement, soit par lassitude du passé troublé, soit parce qu'ils sont riches et peu guerriers. Il y a ensuite le parti très important de ceux qui ne veulent rien entendre. Ces derniers sont pauvres et pensent sans doute que la liberté même peineuse est préférable à la servitude la plus douce et la plus dorée. Les gens soumis et tranquilles habitent les belles plaines et parlent arabe. Les intransigeants se tiennent sur les plateaux élevés et les hautes montagnes du Maroc Central ; ils y vivent à leur guise depuis des siècles. Ce sont des êtres simples qui ignorent ce que peuvent être le confort et un gouvernement. Ils se disent « hommes libres », *imaziren*, et parlent une langue rude nommée par eux *tamazirt* et par nous berbère. Ils sont indépendants jusqu'à l'anarchie.

De ce nombre sont les tribus de la confédération Zaïane qui occupent dans le moyen Atlas un pays infernal, brûlant l'été, glacé en hiver, implacable comme le caractère de ses habitants. Les savants nous disent que ces tribus appartiennent au groupe des Berbères Cenhadja. Les Zaïane entre eux s'appellent *Aït ou Malou*, les fils de l'ombre, pour se distinguer des autres qui sont au revers sud de l'Atlas, face au soleil.

Il y a d'abord le bas pays jusqu'à l'Oum er Rebia. Les géologues appellent peut-être cela une pénéplaine. C'est pour les autres un chaos de montagnes et de plateaux crevassés. La matière est un gros schiste dont les couches renversées, tourmentées de la plus étrange façon, affleurent par la tranche et strient le sol d'immenses courbes parallèles entre lesquelles giclent par moment des filons de quartz laiteux. L'érosion a mis partout à nu ces strates, et il semble que l'on marche indéfiniment sur les gradins redressés d'un formidable escalier couché à plat sur votre route pour vous contrarier. Des arbres sauvages et rugueux, habitués évidemment aux grands écarts de température, poussent dans ces rocailles, contribuent à les disjoindre, à en effriter la surface. Parfois ces débris entassés et nivelés forment des plaines elles-mêmes crevées encore de pointements rocheux qui n'ont pas terminé de s'effondrer. Le plateau de Tendra en est un beau morceau, et ce nom berbère qui signifie gémissement rappelle, paraît-il, la tristesse des échos dans ce bled malheureux.

Après la plaine viennent des montagnes en désordre, ou plutôt de gigantesques amoncellements de rocs entassés entre lesquels s'enracinent des chênes et des thuyas. Tout cela est compliqué de creux, de culs-de-sac, de ravins que l'on ne voit pas, de reliefs que l'on devine et qui n'existent pas, d'un fouillis de détails à hauteur d'homme où un bataillon s'émiette et disparaît. Laissez cela à votre gauche et suivez, plus bas, le pays moins couvert où coule, après les pluies, l'oued Bou Khemira. Mais vous serez tout de même obligé de prendre le défilé de Foum Aguennour pour traverser la montagne des thuyas.

Ça, c'est un cauchemar dantesque, la réalisation de quelque pensée fantastique d'un Gustave Doré.

Le sentier où l'on passe, à la queue leu leu, serpente entre deux murailles de blocs empilés qui tiennent, comme cela, au-dessus de votre tête sans raison d'équilibre très nette. De ces pierres sortent des troncs de thuyas énormes, pelés par le temps ou par les hommes, ne montrant en signe de vie que de rares feuilles éparses sur leurs bras courts et convulsés. Et pendant une lieue au moins ces arbres désespérés tendent vers vous le geste tragique de leurs grosses branches mortes, comme pour vous détourner d'aller plus loin.

Il vient à l'idée que les mamans berbères doivent menacer leurs enfants, quand ils ne sont pas sages, de les abandonner dans le Foum Aguennour. Mais ce n'est pas vrai ; les petits de ce peuple savent que les hommes seuls sont à craindre et ils grimpent familièrement sur les affreux géants pour y dénicher des rayons de miel sauvage.

Il faut tenir vigoureusement les crêtes pendant deux ou trois heures, au débouché du Foum Aguennour, jusqu'à ce que le convoi ait serré. Si, pendant ce temps, vous êtes cartonnés par trois ou quatre salopards embusqués du côté de Sidi Ter, le mieux est de prendre votre parti de cet inconvénient et d'attendre que les amateurs aient épuisé leurs cartouches.

Après, c'est une grande montagne plate et dénudée, le Bou Ayati. Du passage qui la tourne on voit le fleuve et le haut pays Zaïane : d'abord la plaine agitée d'Adekhsan, puis de gros massifs très boisés qui vont en s'étageant jusqu'à boucher très haut l'horizon. L'œil y devine trois coulées, l'Oum er Rebia qui tombe en torrent furieux du djebel Fazaz, l'oued Chebouka qui descend de Tizi Mrachou et traverse le repaire de Moha ou Hammou le Zaïani, l'oued Serou enfin qui est peut-être le vrai fleuve et qui vient de chez Ali Amaouch, chef religieux de tous ceux qui vivent là-haut *maa el qouroud* « avec les singes », comme on dit au Makhzen.

La terre ici est rouge dans la plaine et sur les monts jusqu'à mi-hauteur où commencent les hautes futaies sombres qui les couronnent. En été, par la grande chaleur, la couleur du sol ne frappe pas ; tout est ardent. Dès les premières pluies ce rouge s'intensifie et les grandes plaques d'herbe nouvelle et peu serrée accentuent par contraste insolite l'étrangeté de l'ensemble.

Au premier plan, pour qui arrive du nord, la plaine est étranglée par deux massifs qui compteront dans la geste des Francs en Berbérie, car ils virent de rudes combats. C'est l'Akellal à gauche, le Bou Guergour à droite, deux mâchoires d'étau menaçantes. Et déjà beaucoup qui ont franchi leur intervalle ne sont pas revenus.

Enfin une longue coulée de basalte noir en tuyaux d'orgue traverse la plaine rouge. Là-dessus court vertigineusement l'Oum er Rebia aux eaux salées. C'est la séparation entre le haut et le bas pays Zaïane. Sur le fleuve il y a une grande bourgade qu'on appelle Khenifra. Mais, comme elle est tout entière de la couleur du sol, on la voit mal à distance, ce qui dispense pour le moment d'en parler.

Les tribus de la confédération oscillent annuellement d'un bout à l'autre de leur territoire. En été tout le monde évacue la plaine en feu et sans eau pour se réfugier dans la montagne boisée au delà de l'Oum er Rebia. La plaine se remplit en hiver de gens et de troupeaux fuyant la neige et en quête de pâturages.

C'est un pays âpre et inhospitalier qui peut intéresser, empoigner même par sa grandeur sauvage. Mais ce n'est pas là que je prendrai ma retraite, comme dit l'autre.

II

La colonne formée en un grand losange articulé, convoi au centre, avait envahi de son grouillement un vaste tertre de la plaine déserte, s'y était arrêtée et assoupie.

Par bonheur, on avait trouvé de l'eau une heure avant l'étape. Les hommes et les animaux avaient pu boire abondamment ; on arrivait ventres et bidons pleins. Et, aussitôt les tentes dressées, on n'avait eu qu'à se laisser choir en attendant une heure moins rude. Sous les guitouns les Sénégalais affalés, sans nerfs, continuaient à se gorger d'eau. Les blancs, aryens ou sémites, dormaient ou bricolaient en causant. Les animaux à la corde attendaient sous le ciel en feu que séchassent leurs dos où la sueur avait dessiné d'un contour blanchâtre l'emplacement du bât ou de la selle. Vers le soir, ils recommenceraient à jouer des dents et des sabots, mais, pour le moment, ils digéraient leur fatigue et, tout le long de leurs lignes immobiles, seules gesticulaient les queues chassant les mouches. A quelque distance dans la plaine, tout autour du camp, des silhouettes de spahis en vedettes apparaissaient tremblotantes dans la buée du sol que pompait le soleil.

Sous leurs tentes d'officier, Duparc et Martin ne pouvaient dormir et cela pour des raisons différentes. Martin, en puissance de paludisme, avait l'appréhension de l'accès possible. Duparc, encore tout plein du sang de France, n'éprouvait pas le besoin de faire la sieste. Cette grosse chaleur pourtant le surprenait et regardant la haute taille du djebel Mastourguen, tout près, il évaluait l'heure où son ombre calmante s'étendrait sur le camp. Se sentant incapable même de lire, Duparc s'en fut trouver Martin qui, étendu sur son lit de camp, cuisait stoïque sous la tente surchauffée.

— Dure journée et dur pays ! dit l'officier d'état-major ; se peut-il que des gens vivent heureux dans cette solitude roussie ?

— On vit où l'on peut, dit Martin ; ces populations n'ont pas le choix et d'ailleurs leur rage à nous harceler provient de ce que nous les empêchons de changer.

— Expliquez-vous, fit Duparc qui, nouveau venu, se plaisait à faire causer son compagnon dont il savait la longue pratique de ces pays et de leurs habitants.

— Voilà ! dit Martin ; il est signalé par l'histoire et nos observations établissent que les Berbères étaient en train de reconquérir le Maroc quand nous sommes venus les déranger. On parle beaucoup des violentes poussées almoravides, almohades et des Beni-Merine qui fusèrent à travers le Maroc jusqu'en Espagne, jusqu'à Tunis et brassèrent des populations encore peu fixées au sol. Mais on connaît moins la séculaire et puissante coulée des peuples venus du sud, par-dessus les monts, à la recherche du meilleur habitat. C'est pourtant là un fait qui démontre en particulier la force de cette race Cenhadjia à laquelle appartiennent les tribus qui nous occupent. Il n'est pas utile de remonter bien loin dans le passé pour trouver des événements qui fixeront nos idées. Chez ces gens qui n'ont jamais eu le souci d'écrire des annales, il faut se contenter de ce que peuvent nous dire les vivants, mais c'est déjà suffisant pour interpréter les récits très vagues et embarrassés des historiens de langue arabe.

Il y a cent ans, la tribu des Iguerouane était déjà dans la plaine de Meknès et des souverains arabes se servaient d'elle pour couvrir cette ville et Fez contre la marée berbère. Les efforts accomplis de ce côté ont probablement contribué à rejeter vers le nord-ouest le flot qui marchait normalement du sud au nord et menaçait les capitales.

Il y a cent ans les Zemmour étaient ici dans cette plaine de Guelmous à côté des Zaer. Poussés par les Zaïane, maîtres actuels de cet affreux pays, les Zemmour ont chassé devant eux les Arabes aux marécages du Sebou et se sont emparés de la Mamora jusqu'à Kénitra. Les Zaer ont résisté un peu plus longtemps. Il y a quarante ans ils étaient encore ici ; mais, bousculés par deux vagues de Zaïane, ils ont repoussé leurs voisins vers le bord de la mer et ont fait de Rabat leur bonne ville. Dans le même siècle se sont produits plus à l'est des mouvements analogues. Les Iguerouane ont giclé dans la plaine du Sebou. Les Imjat qui étaient du côté d'Azrou sont aujourd'hui à soixante kilomètres plus au nord, sous les murs mêmes de Meknès. Ils y ont été aidés vigoureusement par les Beni M'tir qui étaient en montagne là où sont aujourd'hui les Beni M'guild et qui ont rempli de force toute la plaine de Meknès. Leurs frères d'origine les Aït Ayach ont détaché du Grand Atlas, où la tribu mère est encore, un fort rameau d'avant-garde qui a disloqué les groupements arabes des environs de Fez et leur ont pris des terres. Les auteurs mograbins racontent comment, dans leur marche vers la plaine, les Beni M'tir et les Imjat ont dépossédé deux tribus, les Oulad Ncir et les Dkhissa qui les gênaient. Cela s'est passé il y a quarante ans, sous le règne béni du puissant Sultan Moulay Hassan qui tira, paraît-il, une vengeance terrible des Berbères. Mais il les laissa où ils s'étaient installés de force et ne rendit pas leurs terres à ses tribus arabes.

— Et que devinrent ces populations évincées ? demanda Duparc.

— Elles forment douze cents tentes qui au nord de Meknès louent pour vivre des terres de l'État ou de leurs vainqueurs. Elles seraient peut-être allées plus loin aux dépens d'autres voisins, mais notre arrivée a stabilisé les tribus. Ces gens mourront donc locataires ou salariés du roumi et du Berbère envahisseurs. Je pourrais vous citer bien d'autres exemples de la poussée récupératrice dont nous avons sauvé le Maroc Makhzen. Mais ceci peut suffire sans doute pour expliquer la rudesse de la lutte que nous livrons aux montagnards. En plus de leur esprit d'indépendance, nous avons à vaincre leur besoin fatal de progression vers la plaine. Ils sentent qu'ils ne pourront plus bouger de leur rude pays, qu'il leur faut renoncer à manger les Arabes, suivant l'expression qui revient sans cesse sous la plume inquiète de l'historien des Alaouites. Comprenez-vous maintenant comment leur haine a une double cause et pourquoi, inlassablement, se dépensent ici des hommes que la montagne produit mais qu'elle ne peut nourrir ?

Martin s'animait en parlant et son camarade s'excusa de mettre ainsi ses connaissances à contribution en cette heure torride où la fièvre le guettait.

— Certes, lui dit Martin, elle n'est pas loin, je la connais, la teigne ! mais cette épreuve est, en attendant mieux, une façon d'acquitter notre dette à la patrie. Et d'ailleurs, ajouta-t-il en souriant, il me semble que la fièvre, avant de me terrasser, m'inspire. J'éprouve, sous sa première étreinte, un sentiment étrange d'affection suraiguë pour tout ce qui est nous, pour mon métier, pour ces troupes bigarrées où blancs, noirs et basanés, Français, *pons légions*, monsieur Sénégal, Arabes d'Algérie, de Tunis, Chleuhs marocains vivent et meurent pêle-mêle, une admiration filiale enfin pour la pensée vigoureuse de notre race qui mène tout cela. Et, me croirez-vous ? je trouve plus aisément quand elle approche, la pâle souffrance, les mots utiles à dire aux miens pour leur exprimer tout ce que j'ai senti de l'âme de cette terre et de ces populations. Mais, pour le moment, c'est des Zaïane qu'il s'agit. Vous les avez vus ; ce sont, comme les Zemmour, de grands Berbères au thorax conique, très frustes et résistants. Ils sont acharnés et présentent un exemple singulier dans cette race anarchique d'une confédération de tribus, non pas féodalisées à un grand seigneur, mais disciplinées par une poigne de chez eux. Ils sont là quelques centaines armés de fusils modernes, admirablement servis par un pays compliqué, soldats merveilleux d'ailleurs, sachant utiliser le terrain et se souciant autant que d'une seringue du canon léger que nous pouvons y amener. Vivant surtout de glands doux et de privations, leur sobriété souffre peu du blocus économique auquel nous les soumettons. Et l'âme de leur résistance est un homme de la plus haute énergie, un tyran qui les a dominés, qu'ils ont détesté. C'est Moha fils de Hammou, le Zaïani, un vieillard qui met à les défendre la rage qu'il apporta à les mater. Ils le suivent après l'avoir maudit, car le despote d'hier incarne aujourd'hui l'esprit d'indépendance et la haine de l'étranger.

— Voilà de beaux adversaires, fit Duparc.

— Beaux et estimables, répondit Martin.

III

C'est une histoire qui s'est passée quarante ans environ avant l'époque où Martin et quelques autres de son genre vinrent attraper la fièvre au pays des Zaïane.

La région était sans doute aussi sauvage qu'aujourd'hui. Il y avait peut-être aux flancs du Mastourgen quelques gros arbres de plus qui sont devenus charbon. Les thuyas géants du foum Aguennour devaient avoir pris déjà leur aspect affolé. Mais il y avait, ce qu'il n'y a plus depuis notre venue, de grandes tentes noires très aplaties groupées en rond, de loin en loin, sur les lèvres broussailleuses des longues crevasses ; des familles, des troupeaux s'abreuvaient aux poches d'eau qui jalonnent le lit des oueds d'hiver. Des chèvres noires faisaient des excentricités d'équilibre sur les éboulis ; des moutons tout ronds et ocreux se confondaient avec les grosses pierres croulées de l'escarpement, de l'entassement de blocs au sommet duquel l'homme de garde, perdu dans les chênes à glands doux, surveille le pays. Et l'homme et le vautour qui plane très haut à l'aplomb du douar entendaient le ronronnement des moulins à mains que tournent inlassablement les femmes et le bruit de trompettes que les petits enfants tirent de la tige renflée des oignons sauvages. La nature chaude vibrait parfois de l'appel alterné que les pâtres se jettent à grande distance, en longues modulations de tête suraiguës, appel de sentinelles et cri de passion :

Ya Ho Raho, prends garde !

Veille là-bas, je veille ici ;

Prends garde !

Le chacal a son trou,

La vieille a sa pelote de laine,

La femme a son moulin,

La fille a la fontaine

Et mon cœur saute comme un noyau sur un tambour ;

Ya Ho Raho, prends garde !

Cela, c'est le grand ravin où il y a des rochers, des arbres et dans le fond un peu d'eau sous des lauriers rouges. Mais il y a aussi la plaine où paissent les moutons en hiver et qui, en été, se couvre d'une mince graminée, serrée et roussâtre. Ce tapis flambe avec une rapidité déconcertante et une ardeur singulière. Il est prudent de brûler la place avant de camper. Il y eut une fois un topographe de colonne qui ayant reporté avec soin ses croquis et calculs d'une semaine, jeta à terre sa cigarette et alla faire visite à son cheval. Entendant derrière lui un crépitement il se retourna et vit sa tente, son lit, sa table, la précieuse planche à dessin et l'ombrelle à manche coudé et un tas de choses encore disparaître dans une longue flamme en moins de temps qu'il n'en faut pour l'écrire.

Mais c'est là un détail contemporain, rapporté seulement à titre d'avis.

Donc, il y a quarante ans environ — les Berbères disent un an après que le sultan de Marrakch eut fait payer l'impôt aux Arabes du Tadla — un parti de Zaïane déboucha certain matin dans la plaine de Tendra. Il y avait trente selles, une centaine de piétons, douze slouguis en laisse et trois mulets portant des bagages. Ces gens marchaient très vite, le fusil à la main ou en travers de la selle et bientôt la horde s'arrêta sur le grand tertre où plus tard Martin et Duparc devaient causer. Aussitôt les conducteurs de mulets déchargèrent leurs bêtes et se mirent à dresser une tente pour le chef. Celui-ci, descendu de cheval, s'assit sur une grosse pierre et, silencieux, le coude sur un genou, le menton dans sa main, il regarda travailler ses gens.

C'était Moha fils de Hammou le Zaïani, du clan des Imahzan, Amrar élu des Aït Harkat. Il avait une trentaine d'années. Son visage à peine barbu était énergique et parfois inquiétant de rudesse, sous l'influence sans doute de graves pensées. Il paraissait élancé et très vigoureux dans ses vêtements flottants d'où sortaient des bras nus et brunis par l'air comme ses traits. Il portait un *selham*, burnous marocain de drap noir couvrant les trois chemises de laine superposées qui composaient tout son costume, de telle sorte qu'à cheval sa cuisse nue étreignait la selle. Le soleil tapait directement sur son crâne rasé ceint d'une mince bande de mousseline blanche. Et, dans la pose de délassement qu'il prenait alors, il avait placé sur la *belra* déchaussée son pied nu, petit comme celui d'une femme.

Successivement d'autres cavaliers notables de la tribu vinrent s'asseoir sur le sol auprès de Moha. Il y avait là, entre autres, ses frères Hossein et Miammi, son cousin germain Bouhassous, tous hommes faits d'aspect sauvage et bien taillé. Puis vint Ben Akka, père de Bouhassous et oncle de Moha. C'était un grand vieillard à barbe grise. Il marchait pieds nus et son seul vêtement était une jellaba en grosse laine et à manches courtes serrée d'une ceinture de cuir à laquelle pendait un couteau dans une gaine. En marchant, il s'appuyait sur son fusil comme sur un bâton.

— Moha, dit-il, fils de mon frère, tu dois nous expliquer ce que nous faisons ici. Tu as amené des chiens. Est-ce donc pour chasser que tu m'as appelé de mon douar où il y a la révolte ! Était-ce bien le moment pour l'Amrar de quitter la tribu ? Nos voisins, les Aït Ichkern, ont franchi l'oued Serou et pillent les silos de nos frères d'El Héri. Les chorfas de Tabqart ont coupé la route qui mène aux marchés de la montagne. Et toi, tu rassembles des chiens pour une chasse, à moins que ce ne soit une ruse. Fils de mon frère, dis-nous quel est ton but.

Hossein frère de Moha intervint pour articuler des reproches plus graves.

— Il a perdu la tête, dit-il, depuis qu'il est allé au Tadla voir le Makhzen. Peut-être a-t-il traité avec les ennemis de la tribu. Est-ce vrai, Moha ?

La bande entière s'était rassemblée peu à peu en un grand cercle entourant les *ikhataren*, les hommes importants groupés au centre avec l'Amrar. La foule discutait, des bras nerveux gesticulaient, les voix montaient puis s'arrêtaient soudain pour écouter quand un des notables ou des parents de Moha prenait la parole. Parfois, un remous se produisait lorsque quelque homme, ayant son mot à dire, se lançait les mains en avant, écartant les têtes et les poitrines pour arriver au premier rang : puis l'homme disparaissait absorbé par la foule et un autre surgissait ailleurs, criait son grief et rentrait dans le rang.

La *djemaa*, l'assemblée démagogique berbère, essayait de mettre en accusation le chef élu qui avait cessé de plaire ou plutôt dont l'importance croissante inquiétait. Et Moha écoutait impassible le débordement de critiques déchaîné par l'exemple du vieux Ben Akka, l'amrar des Imraren, l'ancien des anciens de la tribu.

Une voix dans l'orage des voix cria :

— A Bejad, l'autre jour, un Arabe m'a demandé : Comment va votre caïd Moha ?

Le titre de caïd suggérant à ces libertaires l'idée de soumission au pouvoir central, au sultan Moulay Hassan, était ce qu'il fallait pour achever de troubler l'opinion inquiète.

Un énergumène *derqaoui*, vêtu de haillons rapiécés, un adepte d'Ali Amaouch, chef de la secte en montagne, vociféra :

— Il n'y a de Dieu que Dieu ; hors de lui, pas de maître ! Moha veut se faire sultan. C'est Sidi Ali le Saint qui l'a dit !

Moha quitta sa pose insouciante et leva la tête d'un mouvement net qui provoqua l'attention et le silence. L'apostrophe du fanatique lui rappelait l'ingérence en ses affaires du marabout d'Arbala, du sorcier qui cherchait à étendre son influence mystique sur ceux qu'il voulait, lui Moha, soumettre à sa volonté par la force. La rivalité de ces deux hommes devait pendant toute leur existence diviser la montagne. La venue même des Français, la lutte pour le salut commun furent raisons impuissantes à calmer leurs dissensions.

Moha donc comprit qu'il fallait répondre et l'occasion lui parut d'ailleurs favorable pour ressaisir l'opinion populaire. Sans bouger de la pierre où il était assis, il proféra à l'adresse du fakir :

— Serviteur d'un cagot, va lécher les pieds de ton maître. Tu n'es pas des nôtres, tu n'as pas à parler dans la djemaa des Aït Harkat.

Des rires, des approbations s'élevèrent dans la foule rappelée à propos au sentiment de ses droits. L'étranger sortit, violemment bousculé, du cercle où il n'avait pas de place.

Après ce premier coup l'Amrar continua.

— Vous hurlez tous comme des hyènes ; mais elles font plus de bruit que de mal. Et quand elles serrent de trop près ma tente dans la nuit, je lâche dessus mes chiens qui les étripent.

Des mouvements divers agitèrent la bande. Il y eut des cris de colère, mais aussi des approbations, des : écoutez, écoutez Moha ! Alors l'Amrar élu se leva et tout de suite il apparut à la voix, aux gestes et aux idées, que celui-ci était fait pour commander aux autres.

— Je vous ai conduits ici, dit-il, parce que là-bas dans vos douars, parmi vos femmes en rut et vos enfants qui piaillent il n'est pas possible de vous faire entendre une parole sensée.

— Réponds d'abord aux questions posées, cria Ichchou, c'est-à-dire Josué, notable de Ihabern.

— Dis toi-même qui m'interromps, fit l'Amrar, où était ta tribu il y a deux ans ? Ne viviez-vous pas de l'autre côté de l'Oum er Rebia, sans terres et sans pâturages ? Et aujourd'hui la fumée de vos douars s'étale dans la plaine. Vous n'aviez rien, je vous ai donné les champs des Zaer. De quoi te plains-tu ?

Mais au fait, ajouta-t-il, je ne vois aucun notable des fils de Maï. Ils sont occupés sans doute à creuser des silos, à bâtir des casbas sur le territoire qu'ils ont gagné depuis que je les commande. Ce sont des ingrats. Ils paieront l'amende pour ne pas avoir répondu à mon appel. Y a-t-il une protestation au nom de la coutume ? demanda Moha en s'adressant aux anciens.

Ceux-ci acquiescèrent en portant la main à leur front.

— A toi, maintenant, Hossein, mon frère, qui m'as accusé tout à l'heure ; et soyez tous témoins de ce qu'il pourra répondre ! Qui a chassé les Aït Bou Haddou de Khenifra pour vous la donner ? N'est-ce pas mon père et moi son continuateur ? Qui a mis entre vos mains, après l'avoir réparé, le pont par lequel vous pouvez aujourd'hui franchir l'oued et sauver vos enfants et vos troupeaux de la neige ?

— C'est toi, c'est toi ! commencèrent à répondre des voix dans la foule, tandis que Hossein se taisait, obligé de reconnaître l'œuvre de son frère. Mais il réitéra avec entêtement son grief :

— Tu as traité avec le Makhzen et sans consulter la djemaa. Tu es trop indépendant.

— Je vous ai sauvés tous du servage, reprit Moha. Et tourné vers la foule, ses bras tenant étendus les pans de son selham, ainsi que deux grandes ailes noires, il les referma lentement en croix comme s'il voulait en recouvrir et protéger ceux de sa race.

Puis, baissant le ton, il chercha des mots pour persuader ces gens simples.

— Écoutez-moi, ô Imaziren, ô hommes libres ! Le Sultan, ses troupes, ses canons, ses scribes, tout le Makhzen étaient chez les Tadla. Par la force, par la crainte et aussi par les paroles mielleuses entortillées de religion, par l'argent, par tout ce qui trouble et divise et jette le doute entre le père et le fils, il est arrivé à transformer en enfants les plus fermes guerriers. Il les a mis en tutelle et ils paient l'impôt à un homme qu'ils ne verront peut-être jamais plus. Et vous, enfants de la montagne aux grandes ombres, qui n'avez que vos bras et quelques fusils, auriez-vous pu lutter de force et de ruse avec ceux qui ont la langue et le roseau, qui prononcent des mots inconnus pour vous et qui écrivent des sortilèges sur de grandes feuilles blanches ? Et ils ont des canons, des fusils, de l'argent ! Moi, je suis allé là-bas. Mon cousin Bouhassous était avec moi.

— J'en témoigne, dit Bouhassous.

— En voyant cette immense mehalla qui mangeait la moisson des Beni Ameir, j'ai frémi d'effroi et de colère. Pour arriver à cet homme, au travers de ses serviteurs, j'ai vendu jusqu'à mon cheval. Il a des tentes sans nombre. Il a plus d'esclaves qu'il n'y a de moutons chez nous. Et pour vous, hommes libres, je me suis mis à genoux devant lui, car on ne lui parle pas autrement, et deux nègres me tenaient par mon capuchon.

— J'en témoigne, dit Bouhassous.

— Écoutez bien ! Ces gens étaient en appétit, mais ils se souviennent du passé. Je leur ai raconté que vous êtes nombreux, forts et bien armés. Je leur ai dit que chez vous personne ne commande s'il n'est désigné par les anciens au consentement de la tribu entière, que vous êtes plus terribles qu'au temps où Moulay Sliman fut pris par les Aït ou Malou dont vous faites partie. C'est une histoire que vous avez oubliée parce que vous n'avez pas de tête, mais moi je sais et je vous ferai voir, dans un vieux coffre de mon père, l'étendard laissé par ce sultan aux mains de vos aïeux.

— J'en témoigne, dit encore Bouhassous.

La foule, impressionnée par le récit de l'Amrar, paraissait moins houleuse. La plupart des assistants, pour mieux écouter, s'étaient assis par terre, non point comme les Arabes des villes qui doivent à l'entraînement prolongé de l'école coranique et de la prière une aptitude spéciale à s'asseoir sur leurs jambes reployées, mais accroupis au contraire à la façon de nos paysans, les genoux à hauteur du menton et les mains jointes en avant. Et ceci est un détail important dans les distinctions à faire entre les deux races arabes et berbères.

Moha avait, comme il convenait à cette heure critique où il jouait gros jeu, amené un témoin, un répondant de sa sincérité, et non de mince importance. Bouhassous était le fils du vieux Ben Akka et, en raison de l'âge de celui-ci, chef déjà reconnu du clan principal, de ce qu'ils appellent *l'os* même de la tribu, le maître tronc dont les autres fractions ne sont que les rameaux. Très tôt, Bouhassous avait reconnu la supériorité de son cousin et embrassé sa cause. Toujours il lui resta fidèle et dans les jours graves, depuis que le Zaïani nous tient tête, les tentes des gens de Bouhassous ne se sont jamais séparées de celle du maître sans cesse menacé.

On conçoit l'importance pour Moha d'un appui aussi ferme au moment difficile où il cherchait à faire admettre par l'opinion maîtresse son alliance avec le Makhzen. Ceci est, en effet, le début de la vie politique d'un chef berbère de grande valeur. Simple Amrar de guerre nommé et jalousement surveillé par les djemaas, il est déjà parvenu, grâce à sa valeur personnelle et par ses qualités de meneur de bandes, à agrandir le territoire de sa propre tribu aux dépens des tribus voisines de la même confédération. Son ambition va plus loin. Il veut dominer cette confédération tout entière et se tailler un fief important dans le bled siba, c'est-à-dire là où le Sultan ne commande pas. Il y arrivera malgré deux sérieux obstacles : d'abord l'hostilité des Berbères à toute autorité susceptible d'échapper au contrôle des assemblées populaires, ensuite l'influence religieuse d'Ali Amaouch, grand marabout de la montagne, descendant d'une longue lignée de thaumaturges adorés, véritable pôle vivifiant de la volonté berbère faite d'un immense et mystique orgueil de liberté. Ali Amaouch trouva dans la doctrine de la secte des Derqaoua un merveilleux moyen de captiver l'esprit libertaire des montagnards qui l'entourent. « Il n'y a de Dieu que Dieu, dit-il, hors de lui il n'est point de maître. » Nous reparlerons de cet homme. Moha ou Hammou, au contraire, est profondément antireligieux. Sa vie n'a été qu'un long blasphème. Il n'est point d'avanie qu'il n'ait faite aux bons musulmans. Il n'aura d'ailleurs aucune morale, aucun frein et, devenu despote, il entraînera ses proches aux pires orgies et son peuple à toutes les rapines, à tous les excès contre ses voisins. Il permettra tous les crimes pour justifier les siens.

Comprenant, dès le début de sa carrière, son impuissance à discipliner l'esprit démagogique berbère, il a résolu de faire appel à la force. Il se met d'accord avec le Makhzen qui, partout où il ne peut atteindre, cherche des hommes qui commandent en son nom. Il recevra donc du Sultan des soldats, des armes, de l'argent. Il dénaturera aux yeux de son peuple simpliste l'esprit et la forme de cette intervention. Puis, un jour, le Gouvernement central faiblira. Et alors, Moha ou Hammou qui n'a jamais été de bonne foi et qui est Berbère par-dessus tout, s'allégera d'une suzeraineté d'ailleurs lointaine. Il dressera contre le Makhzen son autorité appuyée sur des masses sauvages et armées. Le Maroc aura son duc de Bourgogne et les sultans feront avec lui une politique de finasserie et de tractations pas toujours brillantes. L'un d'eux, Moulay Abd-el-Hafid, lui demandera son *mezrag*, sa protection pour pouvoir gagner Fez en évitant le bled makhzen encore fidèle à son frère Moulay Abd-el-Aziz. Entre temps, Moha, au travers de fortunes diverses, aura maté ses compagnons, domestiqué à son profit la coutume berbère. Les djemaas ne s'assembleront plus que pour exécuter ses ordres.

Moha, d'ailleurs, aura de vraies qualités de chef. Il améliorera l'état social de sa confédération ; il fera la guerre, mais conclura aussi des paix opportunes et emploiera souvent la politique des mariages. Il développera l'élevage et à ce point qu'à l'arrivée des Français, la confédération des Zaïane alimentait en moutons les grandes villes du Maroc.

Il construira une petite ville, Khenifra, et y créera un important marché. Là s'établiront des transactions suivies et les gros commerçants de la côte y auront des représentants. Les Zaïane connaîtront toutes les marchandises indigènes et celles de l'étranger dont ils ignoraient jadis l'usage. Les vices du dehors pénétreront aussi à Khenifra avec la pacotille et la bourgade berbère et les châteaux forts où vivent Moha et les siens deviendront des repaires de folie.

Le despotisme allait crouler dans l'orgie sanglante ou crapuleuse quand parurent les bataillons français. Alors le tyran devint un sauveur ; le peuple oublia ses débordements et ses crimes pour ne plus voir que le chef qui l'avait discipliné, assoupli au combat et surtout merveilleusement armé.

Mais nous voici loin de la plaine de Tendra où Moha, pas très certain de réussir, cherchait à rouler l'assemblée populaire des Aït Harkat.

Le discours de l'Amrar émaillé intentionnellement de rappels constants à la coutume, au régime démocratique des djemaas, produisit son effet. Ces gens, dont un témoin qualifié a dit si bien qu'une moitié de leur vie se passe en discussions publiques[12], goûtaient chez Moha, à défaut d'éloquence, la fougue et la vigueur des termes.

[12] Expression relevée sous la plume du capitaine Nivelle qui longtemps dirigea la tribu berbère des Aït Nedhir.

Espérant à peu près tenir son auditoire, Moha chercha à conclure.

— Ainsi donc, dit-il, quand j'eus raconté là-bas ce que vous êtes, personne, parmi ces scribes et ces tolbas, n'a plus eu envie de venir de votre côté. Vous l'avez vu, le Makhzen est parti.

Il y eut des approbations, mais quelques entêtés, parmi les députés de la tribu, demandaient des précisions.

— N'as-tu rien promis ? dit l'un.

— Comment as-tu accepté ce beau burnous noir ? cria un autre.

— Si je te le donne le prendras-tu ? répondit Moha. Il m'a coûté assez cher au prix que j'ai dû mettre pour graisser tant de mains tendues, sans compter les dangers courus ; car lorsqu'on ose, en homme de siba, se présenter devant le Sultan, on a plus de chance d'être jeté en prison que de recevoir des cadeaux. Il a dit d'ailleurs : « C'est un Aït ou Malou, un enfant de l'ombre, donnez-lui un selham noir. Et ainsi, il se distinguera des autres. » Vous savez bien, en effet, que pour être Makhzen, il faut être habillé de blanc.

— C'est vrai, c'est vrai ! cria-t-on dans la foule, ce n'est pas un selham du Makhzen.

— Est-ce toi Jacob, fils de Mohand, qui m'as demandé ce que j'avais promis ? J'ai promis de donner la protection des Aït Harkat aux gens de Fez qui viennent au travers de tribus en siba acheter vos moutons. Ai-je eu tort ? J'ai promis de défendre contre les coupeurs de route les commerçants qui apporteraient des marchandises à Khenifra. Et ainsi ont diminué les prix. Ai-je bien fait ? J'ai promis enfin — et cela tu n'en sais rien, ô Jacob, fils de Mohand — de forcer les tribus à rester en paix avec le Makhzen. Pour cela, j'ai expliqué que vous, Aït Harkat, mes frères, vous étiez les plus forts, les plus courageux, les plus dignes de commander aux autres, mais que nous manquions d'armes pour imposer la paix. J'ai obtenu pour vous des fusils et des cartouches !

Moha se tut et s'assit sur la pierre au milieu des notables et de là surveilla attentivement le résultat de ses paroles.

L'effet en fut considérable. Pour tous ces batailleurs, pour ces pillards fieffés, la perspective de pouvoir faire la guerre en force primait toute autre considération. Moha n'avait évidemment dévoilé que ce qui lui convenait. Il ne pouvait avouer d'un seul coup qu'il avait en réalité fait au Sultan une soumission complète, accepté une garnison, deux ou trois cents hommes dirigés par un caïd Reha, sorte de capitaine, et qu'il attendait le jour même. Moha comptait bien d'ailleurs sur la lassitude chronique, la versatilité du Makhzen pour garder le bénéfice de ce secours sans rien donner en échange. Probablement, ces soldats, Berbères du Haouz pour la plupart, lancés par le Sultan en enfants perdus dans ce pays sauvage, noyés parmi d'autres Berbères, abandonnés sans solde, sans liaison avec le Gouvernement central, feraient comme beaucoup d'autres, oublieraient leur rôle, se marieraient, se fondraient dans la masse.

Tel a été, en effet, le sort de toutes les garnisons que le Makhzen envoya à différentes époques dans le bled siba soi-disant pour l'y représenter. Il le faisait, le plus souvent, par application d'une coutume ancienne, peut-être opportune et justifiée sous Moulay Ismaël par exemple, mais qui, sous d'autres régimes, n'avait que la valeur d'une *qaïda* marocaine, de cette « chose établie » que l'on suit d'un respect béat et d'autant plus volontiers qu'elle évite l'effort de chercher mieux et excuse toutes les bêtises. Ces petites troupes donc n'ont fait que renforcer et armer les tribus hostiles. Et de cette erreur et de bien d'autres qaïdas, le Makhzen serait peut-être mort.

Moha comptait, non sans raison, que les choses se passeraient chez lui comme ailleurs. Pour le moment, les soldats serviraient à ses projets en augmentant, par quelques coups de main heureux, son prestige dans la confédération. Ils formeraient en tout cas le noyau d'une force qu'il saurait accroître et qui manquait encore à son ambition. Mais il était plus facile de se faire donner des soldats par le Sultan que de décider la tribu à les admettre. Aussi l'Amrar avait-il parlé seulement d'armes et de munitions attendues.

Un brouhaha énorme de voix roulait sur l'assemblée. On ne discutait plus les mérites de Moha, on parlait uniquement de fusils et de cartouches. Ces mots magiques aveuglaient la foule, l'empêchaient de discerner la ruse. Mais les notables moins impressionnés avaient compris. Ils étaient une douzaine représentant chacun toutes les voix de leur clan et, parmi ces personnages, Moha n'avait pour lui que Bouhassous et deux autres chefs de file moins importants. Plusieurs donc se levèrent et saisirent l'Amrar à la gorge en lui criant des injures. Dans cette bousculade où déjà les couteaux sortaient de leurs gaines, le vieux Ben Akka jeta son fusil en travers des bras qui s'étreignaient. Par ce geste coutumier, il imposait son arbitrage, peut-être seulement pour ramener l'assemblée au calme, peut-être aussi parce que l'ascendant de son neveu agissait sur lui.

Les mains s'ouvrirent et Moha en profita pour se dégager et s'élancer hors d'atteinte immédiate jusqu'à sa tente, à quelques pas. Le groupe des notables s'en prenait à Bouhassous qui discutait et carrément tenait tête. La foule, un instant étonnée de la querelle surgie entre les notables, leur tourna subitement le dos pour regarder au loin. On criait : les voilà, les voilà ! on se montrait un nuage de poussière qui s'élevait, dans le nord de la plaine, sous les foulées d'un convoi ou d'une troupe. Moha regardait la scène, mesurait le danger. Il s'appuyait au grand support de cette tente de guerre, dressée pour recevoir dignement le chef des soldats du Makhzen et où il s'attendait maintenant à mourir sous les couteaux du peuple enragé. Celui-ci, stupide, ne comprenait rien encore, captivé tout entier par la réalisation des promesses de Moha ; rien ne pouvait venir de ce côté de la plaine si ce n'étaient les armes et les munitions annoncées. Mais si les ennemis de l'Amrar parvenaient à ressaisir la pensée de la foule et à lui crier la trahison, c'en était fait de Moha.

Un incident imprévu vint compliquer encore la situation déjà critique. Un rekkas, un coureur, arrivait de Khenifra. C'était un homme d'une vigueur exceptionnelle, bien connu de toute la tribu pour sa remarquable aptitude à la course prolongée. Il s'appelait Raho mais le peuple le nommait « Tamlalt », c'est-à-dire gazelle. Il était presque entièrement nu ; des lambeaux de cuir protégeaient ses pieds. Il avait sur les épaules un sac en sparterie de doum tressé où il puisait des aliments qu'il mangeait sans s'arrêter.

L'homme arrivait couvert de poussière, et, comme on avait vu qu'il faiblissait, tout de suite quatre des assistants s'élancèrent, l'enlevèrent dans leurs bras pour le déposer devant la tente aux pieds mêmes de l'Amrar. On lui jeta de l'eau à la figure et on lui en mit dans la bouche quelque peu qu'il rejeta presque aussitôt pour éviter de la boire. Puis il débita ce qu'il venait annoncer : les douars de la tribu étaient, au moment où le frère de Bouhassous l'avait lancé, sur le point d'être attaqués par les Mrabtine d'Oulrès. Ils réclamaient des secours, le retour de l'Amrar et des hommes partis avec lui.

Moha, par-dessus les têtes des assistants penchés vers le coureur, vit la petite colonne des soldats du Makhzen qui débouchait dans Tendra et s'avançait de son côté.

A peine le rekkas avait-il achevé de parler qu'une voix s'éleva du côté des notables brisant le silence de la foule stupéfaite et plus lente à comprendre.

— Moha vous a fait abandonner vos douars. Moha vous a trahis. Il a livré vos femmes et vos enfants aux Mrabtine.

Alors l'Amrar joua son dernier jeu. Rien dans sa voix et sa personne ne trahit l'émotion. Bien plus, un enthousiasme emballa ses gestes et sa harangue.

— Frères, hurla-t-il, le jour de votre vengeance est arrivé. Ce soir vous serez les maîtres d'Oulrès jusqu'aux sources de l'Oum er Rebia. Vous aurez les prairies et les champs d'orge. Vous aurez Ighezrar Essoud et les mines de sel des Mrabtine. Leurs femmes vous apporteront en pleurant le sel que ces voisins cruels vous vendent si cher. Vous le vendrez à votre tour à toute la montagne. Trompés par ma ruse, les gens d'Oulrès ont dégarni leur vallée pour aller vers vos douars. Il y a six heures de chemin pour rejoindre ceux-ci. Il n'y a que trois heures d'ici à Oulrès par Mrirt et voici une troupe de quatre cents fusils dont je vais prendre le commandement et qui feront pour vous des choses que les Mrabtine n'imaginent pas.

De son geste autoritaire, Moha montrait la petite colonne de soldats arrêtée dans l'oued et dont les chefs faisaient de loin, aux Zaïane groupés sur le tertre, des signes de reconnaissance en agitant des pans de burnous.

La logique de Moha basée sur la connaissance des distances familière à ses hommes, le désir ardent de piller les Mrabtine, voisins redoutés, l'espoir de mettre la main sur des gisements de sel convoités par toute la région, sur une denrée dont le besoin les forçait constamment à subir les exigences de leurs ennemis, tout cela emporta la volonté de la horde. Que faire d'ailleurs s'il était vrai qu'il y eût là tout près d'eux quatre cents fusils ? Les combattre ? La chose paraissait impossible et stupide puisqu'on offrait de les employer au superbe coup monté par Moha. Celui-ci continua :

— Le rekkas était chargé de me prévenir et non de vous alarmer. Il a exagéré, il sera puni. Pensez-vous que je puisse, moi, laisser mon clan sans défense ? Vos douars n'ont rien à craindre. Ils ont plus de fusils que vous n'en avez ici.

— J'en témoigne, dit la voix furieuse de Bouhassous, qui, sentant qu'il fallait brusquer les choses, surgit dans le cercle le couteau à la main. Et Jacob fils de Mohand qui avait parlé de trahison vint, en tournant sur lui-même, s'abattre devant Moha la poitrine trouée.

— A vos chevaux ! ordonna celui-ci.

Les serviteurs pliaient déjà la tente et la chargeaient sur les mulets. La bande suivait l'impulsion de l'Amrar. Elle était incapable de raisonner plus longtemps sur des faits dont l'importance et la succession rapide dépassaient sa capacité de compréhension. Tous ceux qui ont eu à manier ces populations encore très primitives ont constaté la difficulté qu'il y a de soumettre leur réflexion à un effort prolongé. Et il est arrivé bien souvent que nos officiers ont été mal renseignés parce qu'ils ont cru possible de triturer de questions, pendant des heures, le cerveau d'un indicateur berbère plein de bonne volonté mais incapable de suivre, aussi vite et aussi longtemps, un interlocuteur chrétien.

La bande de Moha retomba à ses ordres parce qu'elle était fatiguée de penser. Quelques entêtés furent bâtonnés, ligotés sur des mulets avec le corps de Jacob. Les notables subjugués par les idées de Moha dont ils profiteraient largement, ou réduits par la crainte, obéirent au mouvement général. Bouhassous enfin, qui savait bien l'arabe, fut envoyé par l'Amrar auprès du caïd Reha qui commandait les soldats et se chargea de le mettre au courant de ce qui se passait et de lui expliquer la nécessité politique de faire, tout de suite, acte d'utilité pour la tribu.

Ce fut une razzia merveilleuse. Les Zaïane guidèrent au plus court les soldats du Makhzen. Avant la fin du jour, on arriva aux passerelles qui servent à franchir l'Oum er Rebia dont le lit est, par là, un boyau très étroit et tourmenté. Les campements vides de leurs défenseurs furent criblés de balles. L'affolement y fut affreux et les Zaïane se ruèrent à l'assaut. Moha laissa faire ses gens et, très sagement, resta auprès des soldats, dirigea leurs coups, veilla au retour offensif des guerriers absents et en fit le massacre.

Cette nuit-là vit la destruction des Mrabtine d'Oulrès. Le lendemain, les troupeaux, les animaux de bât surchargés de prises, les femmes, les enfants marchèrent vers les tentes des Aït Harkat groupées dans la plaine d'Adekhsan. Les soldats hébétés d'orgies, encombrés de captives que Moha leur donnait ainsi dès le premier jour pour les attacher au pays, entrèrent sans peine dans la communauté à la faveur du triomphe commun. Mais le vrai triomphateur fut l'Amrar. Sa tribu des Aït Harkat se trouva subitement riche et puissante, car elle eut beaucoup de moutons et des femmes en surnombre pour travailler la laine et enfanter des guerriers. Moha profita de la faveur populaire et des fusils du Makhzen ; il fit tuer ses ennemis et imposa ses volontés aux assemblées berbères.

Tels furent les premiers pas de Moha fils de Hammou dans la voie du despotisme. C'est du moins ce que raconta Si Qacem el Bokhari, Caïd reha des soldats du Makhzen, lorsque, lassé de quarante ans de servitude auprès du Zaïani, il obtint des Français l'autorisation de revenir à Meknès, sa ville natale, où il mourut bien paisiblement. Qu'Allah lui fasse miséricorde !

Rabaha, fille de l'Amrar

Un clairon sonna le couvre-feu dans la nuit froide. Les notes heurtèrent les parois à pic du Bou Haïati qui les renvoya, en face, aux escarpements du Bou Gergour. L'air sec et pur fit paraître plus cuivrées encore les notes filées du légionnaire désœuvré qui longtemps, avec un plaisir évident, répéta sa sonnerie. Puis l'homme disparut dans sa cagna et Khenifra, de toute part armée, ceinturée de fils de fer barbelés, hérissée de mitrailleuses, parut s'endormir jusqu'au lendemain.

Les officiers du poste étaient réunis, pour la plupart, dans une grande pièce servant de salle à manger et située au premier étage de la maison d'El Aïdi, neveu de Moha le Zaïani. Cette demeure assez considérable et décorée du nom de Casba, comme toutes celles construites par les chefs de la tribu, était sise sur la rive droite de l'Oum er Rebia, à une centaine de mètres en amont du pont qui traverse ce fleuve devant Khenifra.

La salle où l'état-major du poste prenait ses repas était une vaste pièce, grossièrement décorée de badigeons mauresques, dont le plafond, en rondins de tuya mal joints, laissait voir le mélange de terre rouge et de débris qui servait d'assiette à la terrasse. Deux autres pièces plus petites s'ouvraient à droite et à gauche sur la première par deux grandes portes où l'artisan maladroit avait, d'un ciseau enfantin, imité les sculptures classiques des maisons de Fez ou de Meknès. Tout cet ensemble mal bâti était enlaidi par quatre hautes poutres en bois soutenant le plafond défaillant et ces supports étaient eux-mêmes à ce point fendillés, que le génie militaire inquiet les avait cerclés de fer. Cette demeure branlante et son décor raté laissaient deviner l'orgueil du rude Berbère, coupeur de routes et parvenu, qui voulut un jour poser au pacha maure parmi ses sauvages compagnons.

En façade, la maison d'El Aïdi possédait, au-dessus de l'Oum er Rebia, des fenêtres grillagées, sans vitres, étroitement masquées de lourds panneaux en bois. La maison était pleine du mugissement furieux du fleuve bondissant entre ses berges de basalte pour s'engouffrer sous le pont de Khenifra. Toutes portes closes, on avait encore la sensation d'être dehors et particulièrement ce soir-là où le courant d'air froid qu'amène l'oued du haut des monts gémissait aux joints mal faits des grossières fenêtres.

Vers l'intérieur, la pièce qui nous occupe s'ouvrait sur une galerie dont le plancher tremblait sous les pas et où aboutissait, venant du porche, un escalier tortueux, sans jour, dont les marches inégales atteignaient finalement la terrasse. Là, dans un angle, sous un abri maçonné par les nouveaux occupants, deux soldats emmitouflés veillaient autour d'un projecteur, prêts à en darder le faisceau sur la campagne environnante.

De ce point élevé la vue embrassait Khenifra endormie.

Tout en bas l'oued grondait et dans l'obscurité, ses eaux, comme si elles avaient absorbé toute la lueur des étoiles, apparaissaient bouillonnantes et lumineuses, bleu d'acier. On les voyait, après de violents sursauts au contact d'aspérités basaltiques, se mouler en une vague unique, puissante et lisse pour s'engouffrer sous l'arche ogivale du pont. La traînée claire s'éteignait tout d'un coup pour reparaître un peu plus loin mais faible, chancelante et douteuse jusqu'à se perdre dans le noir tout à fait.

Au delà du pont, sur la rive gauche, se devinait dans l'ombre la masse épaisse de la Casba principale, de la Casba du caïd Mohammed, tyran des tribus Zaïane confédérées sous ses ordres, créateur et maître incontesté de Khenifra, jusqu'au jour où les Français dressèrent, sur la tour carrée de son burg, leur longue antenne de fer d'où partent ces fils qui scintillent la nuit par excès de tension électrique.

A l'opposé, sur l'autre rive, s'étendait Khenifra, longtemps docile sous la menace du pesant château fort de Moha. D'abord, le long du fleuve, les maisons plus hautes où le Zaïani logea ses fils, ses neveux, gardiens délégués du maître au contrôle de la bourgade ; puis tout de suite après, basses et humbles, les cagnas en torchis rangées, et comme aplaties sous un toit unique dont la grisaille apparaissait dans l'obscurité, sorte de carapace imprécise où les rues, les places découpaient pourtant des lambeaux, des lanières plus sombres et sous laquelle, en cette heure même, haletait le souffle de huit cents hommes endormis.

Et il y en avait partout : dans les demeures des commerçants fasis qui troquaient là «les choses venues de la mer», comme disent les Berbères, contre la viande et la laine des troupeaux. On leur avait donné les boutiques de la kaïsseria, le marché aux étoffes. Ils avaient aménagé à leur goût le souq du sucre et celui du sel. Dans les fondouqs nettoyés étaient installés leurs magasins, leurs bureaux. Et les mieux partagés avaient été ceux auxquels échurent les maisons des nombreuses prostituées qui, plus encore peut-être que le sucre, le thé et la cotonnade, firent le succès et la richesse de Khenifra. Puis l'œil peu à peu s'adaptant aux ténèbres y discernait une tache plus claire, un ensemble de petites choses alignées et sans doute blanchies à la chaux. C'était un cimetière situé, contrairement à l'usage, au beau milieu des logis et où des soldats de races diverses gisaient mélangés. Soucieuse de leur sommeil, pour leur éviter toute profanation, la Khenifra militaire gardait ses morts auprès d'elle et dormait avec eux, sous la protection de ses sentinelles, de ses armes, de ses fils barbelés.

Ceux-ci ne se voyaient certes pas la nuit du mirador où le projecteur somnolait, la paupière baissée sur sa fulgurante rétine. Ils étaient là pourtant des kilomètres de fil d'acier élongés, croisés, comme la trame d'un large ruban, autour de la petite ville. On les avait chargés d'épines et, qui plus est, d'un tas de choses sonores suspendues, boîtes de conserves vides, bidons de pétrole épuisés, objets bruyants au moindre heurt. Tout cela pour entendre, pour éventer le glissement du Berbère nu qui, si volontiers et comme par fanfaronnade, passe ensanglanté au travers des ronces métalliques et, rampant, va poignarder un homme ou voler un fusil.

Et cette nuit-là, comme il faisait très froid, on entendait de temps à autre battre leur semelle les troupiers qui, deux par deux, de place en place veillaient, écoutaient derrière la trame d'acier.

Les officiers s'attardaient autour de la grande table qui les réunissait aux heures des repas. Le commandant du poste, somnolent, feuilletait un rapport. Un bridge silencieux occupait des capitaines. Deux jeunes gens s'amusaient à suivre les évolutions gauches d'un énorme scorpion noir qui, sans doute engourdi par le froid, avait lâché la fente du plafond où il vivait et, avec de menus cailloux rouges, était tombé sur la nappe. D'autres officiers faisaient leur correspondance, d'autres encore causaient à voix basse entre eux. Tous attendaient les rekkas, les courriers légers qui, chaque quinzaine, apportaient des lettres à ce poste complètement coupé de l'arrière et dont le ravitaillement se faisait à intervalles espacés et à grand renfort de bataillons.

Les courriers, dont la mise en route était signalée de la veille par le télégraphe sans fil auraient dû arriver avant la chute du jour. Les esprits s'inquiétaient du sort réservé aux chères correspondances et les conversations roulaient sur les rekkas, sur leur métier peu enviable, sur leur habileté à passer entre les sentinelles zaïane. L'énervement de l'attente finit par interrompre les jeux et les lectures. Il faisait froid. Les lieutenants, lassés de leur scorpion, se mirent à gambader, à battre la semelle ; tout trembla.

— Vous allez faire crouler la *boîte*! cria le chef de poste, restez donc tranquilles.

— C'est joyeux la vie ici, répondit un des jeunes officiers. Il fait un froid de loup. Cette fenêtre devrait être bouchée, si on n'a pas de vitres à y mettre.

Et, sans doute pour tenter de mieux ajuster le panneau de bois qui obturait l'ouverture, il l'ouvrit. Ce geste laissa passer à l'extérieur la lumière de la chambre et aussitôt une balle vint écorner l'encastrement de la fenêtre. Immédiatement une mitrailleuse cracha dans la nuit en réplique au coup de feu aperçu, tandis qu'un grand jet de lumière parti de la terrasse crevait l'ombre montrant, tout au bout de son cône et violemment éclairés, les détails du paysage, un arbre rabougri, de gros rochers, un pan de mur de marabout.

Honteux de l'incident qu'il venait de provoquer, le jeune homme referma vivement le panneau et s'en fut se réfugier dans un coin de la salle.

— C'est malin, dit une voix, de déclencher cette pétarade juste au moment où nous avons besoin, pour le salut de nos rekkas, que tout dorme autour de nous.

— Il n'y a pas grand mal, reprit le chef de poste plus bienveillant. Ce n'est pas cela qui empêchera nos lettres d'arriver, si les courriers ne sont pas d'ores et déjà *zigouillés*. Et puis cela démontre que nos postes de veille font bonne garde.

Un long coup de langue de clairon retentit au dehors. C'était le signal convenu pour appeler les vaguemestres au poste de police où un premier courrier précédant les autres venait de se faire reconnaître. On se leva ; tout le monde parlait à la fois.

— Enfin, les voilà !

— Ils sont passés tout de même.

— Je ne serais pas fâché de savoir ce qui les a retardés.

— Ils prennent rarement deux fois le même chemin.

— Ils ont dû éviter le couloir de l'Aguennour.

— Quels braves gens que ces rekkas !

Puis il y eut l'attente nécessitée par le triage du courrier et enfin le vaguemestre de l'état-major entra, donna à chacun ce qui lui revenait et déposa devant le commandant le pli épais des correspondances officielles. Il y eut dans la nuit, sur le front nord de Khenifra, une fusillade de quelques minutes. Cela répondait à une volée de balles décochées par les guetteurs ennemis au moment où le poste était sorti pour recueillir les courriers. Ceux-ci étaient arrivés à peu de distance l'un de l'autre, essoufflés, après une course échevelée pour traverser d'une seule traite la distance qui séparait le poste du point où ils s'étaient terrés, en attendant le moment favorable à leur dernier bond. Personne ne fit attention au bruit ; c'était un incident trop banal pour déranger des gens voluptueusement occupés à ouvrir des enveloppes. Chacun d'ailleurs s'en fut coucher rapidement emportant son bien. Le commandant et l'officier des renseignements restèrent seuls à dépouiller le courrier officiel.

— Tenez, Martin, voici quelque chose de singulier auquel je ne m'attendais guère, dit le chef tendant un pli ouvert à son adjoint.

Celui-ci lut :

— Pour nous conformer au désir exprimé par le Makhzen Central, vous vous efforcerez de faire parvenir au caïd Mohammed ou Hammou Zaïani la lettre ci-incluse que lui adresse du harem chérifien sa fille Rabaha.

Suivait une analyse succincte de la correspondante d'ailleurs très banale. La fille du caïd donnait à son père des nouvelles de sa santé et lui demandait des siennes.

— Que pensez-vous de la commission dont on nous charge ? demanda le commandant tout en continuant de décacheter le courrier.

— La femme qui a écrit cette lettre, répondit Martin, a joué un rôle dans les affaires marocaines de ces dernières années. Son existence servit d'abord à la politique que suivait son père à l'égard du Makhzen. Plus tard, et il n'y a pas de cela longtemps, elle contribua au succès de Moulay Hafid prétendant au trône chérifien.

— Allons dans ma chambre où il fera peut-être moins froid qu'ici, dit le commandant ; nous pourrons plus confortablement causer de ces choses.

Le logement du chef, situé dans une autre partie de la maison d'El Aïdi, avait l'avantage d'être mieux clos et calfeutré de nombreux tapis étendus sur le parquet ou disposés en tentures. Les courants d'air qui rendaient pénible le séjour des autres pièces y étaient matés et le bruit du torrent très assourdi. Martin s'installa dans l'unique fauteuil. Son chef s'assit sur le lit, et s'enferma soigneusement dans son burnous. Martin reprit son récit.

— Il est certain, dit-il, que Moha ou Hammou, le vigoureux adversaire qui nous tient tête aujourd'hui, doit à son alliance avec le Makhzen la puissance et l'influence qu'il acquit sur les tribus de la confédération Zaïane. Lui, homme de *siba*, chef élu, *amrar* des assemblées démagogiques, conscient de sa valeur et décidé à s'imposer, il avait su, au moment opportun, faire avec le Sultan un accord où, en échange de sa soumission personnelle, il reçut ce qui lui était nécessaire pour dompter ses farouches compatriotes. On lui donna des soldats dont le Makhzen paya la solde et assura l'armement. En théorie, il devait commander au nom du Sultan à des populations que celui-ci ne pouvait atteindre et régenter d'une façon continue. En réalité, Moha ou Hammou voulait être seul maître dans ses montagnes et il le fut en effet, dès que l'Empire tomba en quenouille aux mains débiles du doux Abd-el-Aziz. Mais il n'en fut rien tant que dura Moulay Hassan, homme de réelle valeur politique et d'une activité guerrière tout à fait remarquable. Celui-ci tint ses promesses, fournit des soldats, des armes, de l'argent. En échange Moha ou Hammou fut obligé de faire le jeu du Gouvernement central, d'entretenir avec lui des relations respectueuses. Maître d'utiliser comme il lui convenait les soldats du Sultan, il n'en subissait pas moins l'ascendant très positif et humiliant pour lui de cette garde payée par un autre et qui conservait à son chef spirituel et temporel, le sultan Moulay Hassan, tout son dévouement et sa vénération. Moha fit certes de grandes choses, mais sous l'égide du Makhzen. Pour ses contributes il cessa d'être l'«Amrar». On l'appela définitivement le caïd Mohammed ; et ce titre qui lui donna une grande force, lui enleva sa liberté, tout son caractère de chef berbère indépendant. Le peuple commença à le détester. Lui n'hésita pas devant les pires violences pour se faire craindre et, comme il avait besoin de l'appui du Makhzen, il accentua à certains moments sa politique déférente à l'égard du Sultan. Celui-ci d'ailleurs, comptant sur le caïd pour tenir les Zaïane en respect, parcourait les montagnes voisines, passait au Tafilelt, ce qui n'était pas sans inquiéter sérieusement l'âme berbère de Moha. C'est au moment où Moulay Hassan était sur la Moulouya qu'il lui envoya en cadeau la petite Rabaha, alors âgée de douze ans, et dont voici la lettre. Le Sultan confia la fillette au harem de Marrakch où elle grandit. On prétend que Moulay Hassan la destinait à son fils Abd-el-Aziz. Mais celui-ci ne l'épousa point et la Berbère s'étiolait inconnue et oubliée dans la foule féminine de tout âge et de toutes conditions qui encombre les palais impériaux, lorsque Moulay Abd-el-Hafid, khalifat pour le Sud de son frère le Sultan et prétendant à le remplacer, s'appropria Rabaha et l'épousa.

Ce fut un coup de maître. Hafid attachait à sa cause encore chancelante le chef le plus puissant du Maroc central. Avant lui, aucun des nombreux fils de Moulay Hassan n'avait voulu de la Berbère pour femme. Au Makhzen on était encore sous l'impression cruelle laissée par le meurtre de Moulay Sourour, oncle de Moulay Hassan, massacré par les Aït ou Malou avec un détachement qu'il commandait, dur échec au prestige chérifien et qui resta sans punition. On avait horreur des Berbères redevenus, sous le faible Abd-el-Aziz, plus indépendants que jamais. Le geste d'Hafid flatta l'orgueil du Zaïani qui souffrait du peu de goût montré jusque-là pour sa fille par les chorfa. En 1908, Hafid, sultan insurrectionnel proclamé à Marrakch, avait besoin de la consécration solennelle que pouvaient seuls lui donner la ville de Fez et le conseil des Ouléma. Il lui fallait, pour y atteindre, traverser le Maroc encore aziziste, sans compter que la France pouvait d'un geste rétablir les affaires de ce prince très aimé du peuple.

— Ah ça ! dit le commandant, vous me racontez, Martin, le contraire de ce que l'on m'a toujours dit. Hafid n'était-il pas le sultan populaire et Aziz méprisé, détesté ?

— Vous avez lu cela dans les journaux, mon commandant, reprit Martin, voulez-vous me permettre de continuer ? Hafid, disais-je, était loin d'avoir les sympathies dont jouissait son frère et dont beaucoup, malgré les années, lui sont encore fidèles aujourd'hui. Sur sa route vers Fez, il rencontra tout d'abord les troupes françaises qui occupaient le pays des Chaouïa. Nos soldats prirent contact avec la harka de Moulay Hafid et je vous prie de croire que celui-ci n'était guère à son aise, quand les Français, sur un ordre venu de Paris, le laissèrent passer. Mais où pouvait-il aller ? rejoindre par les Zaer la route dite impériale de Rabat à Fez ? Le trajet était long et plein de dangers. Il aurait certainement fallu combattre ou tout au moins imposer le ravitaillement de la harka par les tribus traversées. Et les Zemmour qui ne voulaient pas d'Abd-el-Aziz refusaient énergiquement d'entendre parler d'un autre sultan.

Hafid appela à l'aide son beau-père le Zaïani, qui d'ailleurs ne se dérangea pas tout de suite, mais dont les fils, ses mandataires, guidèrent le sultan marron vers Meknès à travers leur pays. Et, s'il faut en croire la chronique berbère, il s'en fallut de peu que la harka, une riche proie, ne fut « mangée » par les Zaïane.

Bref, Hafid parvint à Fez et vous connaissez la fin de son histoire. Mais cet homme sans foi et sans honte possédait cette particularité de réserver ses pires procédés à tous ceux qui l'avaient aidé. Il ne tarda pas à malmener son épouse, la fille de Moha ou Hammou. Celle-ci, en rude Berbère, riposta par une sorte de : qui t'a fait roi ? rappelant le service rendu par son père au Sultan ingrat.

Rabaha fut chargée sur une mule et conduite à Marrakch. Elle ne sortira plus que morte des harems impériaux où vivent, fort mal, loin de toutes choses extérieures, tant de femmes qui ont eu l'honneur sinon la chance d'y être appelées.

— Fort bien, dit le chef de poste quand Martin eut achevé son récit, mais cela ne justifie pas le soin fâcheux qui m'incombe aujourd'hui de faire passer à notre ennemi la lettre de sa fille.

— C'est un ordre de l'autorité politique supérieure ; il n'y a qu'à s'y conformer, dit Martin.

— Pardon, reprit le commandant du poste, je reste maître des moyens à employer et même de les juger impossibles. Avec l'acharnement continu des Zaïane contre tout ce qui pousse la tête hors de cette enceinte, alors qu'il nous faut souvent une opération militaire pour mettre en place quelques vedettes, croyez-vous que j'aille risquer la vie de mes hommes pour passer une lettre à ces Berbères ? Moha ou Hammou et ses gens sont des bandits avec lesquels je ne veux causer qu'à coups de fusil.

— C'est là, je le sais, votre manière de voir, dit Martin. Je la trouve, pour ma part, insoutenable. Vous avez la responsabilité militaire du poste mais j'ai, moi-même, la charge de vous renseigner sur les choses politiquement opportunes et possibles. Il est fâcheux qu'en cette œuvre commune nous partions chacun de principes différents. Je suis loin de partager vos idées sur les Zaïane, sur leur vieux chef. Ce sont à vos yeux des *salopards* quelconques dont la ténacité vous retient dans ce bled peu gai. Je vois ici, au contraire, des gens qui tôt ou tard entreront dans le giron clément de la paix française et qui, pour le moment, défendent leur indépendance. C'est leur droit, autant qu'est à nous le devoir de les éclairer, de les attirer…

— Je connais votre marotte, à vous gens de bled, reprit le commandant ; elle a peut-être eu ailleurs le mérite de réussir, mais les conditions sont ici différentes et toute votre politique n'empêcherait pas les Zaïane d'enlever le poste si je n'étais sur mes gardes et énergiquement. Je compte bien leur jouer quelque jour un tour de ma façon ; en attendant, je ne risquerai pas la peau d'un soldat, serait-il mercenaire et indigène, pour donner au Zaïani des nouvelles de sa fille.

— On ne vous demande pas ces risques, dit Martin en prenant la lettre. Je saurai bien la faire parvenir. J'ai des Zaïane en traitement à l'infirmerie. Le premier guéri emportera la lettre et même rapportera la réponse, si l'on veut.

— Voilà, dit le commandant qui s'échauffait, voilà des méthodes que je ne comprendrai jamais. Vous soignez les gens blessés en nous combattant. Vous faites du bien à des misérables qui vous massacreraient froidement si vous tombiez entre leurs mains et qui, à peine guéris, reprennent leur fusil. Je vous dis que nous sommes des poires, des poires ! Je ne sais pas ce qui me retient de faire fusiller toute cette pouillerie de loqueteux quand elle se présente aux barrières pour voir le médecin.

Martin quitta son chef sur cette boutade pour éviter une discussion qui devenait acerbe. Le commandant était d'ailleurs satisfait que l'officier des renseignements se chargeât de la lettre. Excellent homme mais trop soldat, il ne comprenait rien à ce qu'il appelait « les manigances politiques » et il était déconcerté par les idées de Martin, officier rompu aux choses indigènes et qui savait allier à la plus grande énergie militaire toutes les méthodes de pénétration et d'attirance.

Martin rentra chez lui tout attristé de ce qu'il venait d'entendre, mais choqué surtout du mépris ignorant professé par son chef à l'égard des populations qu'il combattait. Sa pensée à lui était bien différente. Il croyait à la nécessité de connaître ses ennemis et d'autant plus qu'ils devaient fatalement devenir un jour des alliés, des aides. Il voulait aussi que l'on sût l'effort accompli par l'idée française dans ce coin de Berbérie particulièrement rude. Il fallait donc, avant que le souvenir s'en éteignît, écrire tout ce que l'on pouvait savoir de ces populations, de leur histoire, de leur vie intime, de leurs capacités économiques, agricoles et pastorales. Il savait que rien n'est venu jusqu'à nous du passé de ces tribus dont l'origine seule, et encore bien vaguement, se discerne à la faveur de spéculations ethnographiques.

Sur leur histoire contemporaine le jour s'était fait peu à peu dans son esprit par de longues et patientes enquêtes, par ses conversations journalières avec les indigènes. Il avait compris que toute la vie des Zaïane du dernier demi-siècle avait évolué autour des faits et gestes d'un homme, le vieux Moha ou Hammou, l'«Amrar». Il s'était efforcé déjà de retracer le début de sa carrière[13]. La lettre de Rabaha, placée devant lui, sous sa lampe de travail, évoqua à son esprit les belles années de vigueur du fameux chef berbère. Et parce qu'il était convaincu en les retraçant de faire œuvre profitable et juste, il résolut, ce soir-là, d'utiliser ses documents et de dire ce qu'il savait.

[13] *L'Amrar*, récit berbère, du même auteur.

Et, sans plus tarder, il se mit à écrire le récit qui va suivre.

––––––––––––

Vers la mi-été de l'an 1910, Moha ou Hammou quitta le haut val de Djenan Immès pour descendre vers El Qantra, le pont, devant Khenifra naissante. A cette époque, le douar du caïd n'avait pas encore l'importance qu'il prit plus tard lorsque ses fils, devenus grands, entourèrent, encadrèrent de leurs tentes celles du chef leur père.

Le campement de Moha comportait tout d'abord sa grande *khima* personnelle, aux lourdes bandes noires tissées de laine et de poil de chèvre, demeure traditionnelle conforme à ses goûts et qu'il ne quitta jamais. Démontée, il fallait quatre chameaux et deux mulets pour l'emporter. A côté, chose nouvelle alors en ces parages indépendants, on dressait la kouba makhzen, tente ronde au toit conique dont la toile blanche portait en noir ces ornements spéciaux ressemblant à des carafes ventrues et qui sont l'insigne de tous ceux qui, peu où prou, commandent au nom du Sultan. Le chérif couronné d'alors, Moulay Hassan, avait écrit en la lui envoyant :

«Qu'elle soit pour toi signe de bonheur et de prospérité. Qu'elle se dresse claire et joyeuse auprès de ta demeure protégée par Dieu. Reçois-y avec amitié mes envoyés fidèles, mes caïds intègres ; exerce sous sa coupole la saine justice aux bons et aux mauvais. Enfin, sur son seuil bien orienté vers la noble *quibla*, fais en mon nom la prière agréable à Dieu, à ce Dieu dont je témoigne qu'il est seul et seul digne de louanges ! »

Moha n'a jamais manqué de dresser la kouba insigne de son autorité. Il y mettait à couvert ses bagages encombrants. Jamais personne ne l'a vu prier, là ou ailleurs.

Immédiatement auprès de la tente du chef, on dressait celle occupée par l'épouse du moment. C'était cette fois la Fassiya, femme d'origine vulgaire qu'il avait ramenée d'un voyage à Fez et qui garda sur lui un empire assez prolongé. Continuant le grand cercle du douar, se dressaient les tentes des épouses à qui la maternité avait donné droit définitif de cité et d'honneurs. Il y avait là déjà à cette époque, et entre autres, Itto, mère de Haoussa, l'aîné des fils de Moha, Hennou, mère d'Hassan. A l'opposé de la tente du chef et fermant le cercle, étaient établies celles du cousin germain Bouhassous, fils du vieux Ben Acca, fidèles compagnons, soutiens de la fortune de Moha et dont celui-ci ne se séparait jamais.

Cette organisation patriarcale vint à donner au douar de Moha ou Hammou une force et une cohésion singulière. Ses nombreux mariages féconds multiplièrent ses gardes du corps issus de son sang, ayant chacun leurs gens, leurs clients, respectueux et soumis comme eux aux volontés du caïd, vigoureuse ruche guerrière soigneusement armée, entraînée par son chef, outil parfait et mobile de domination sur les mouvantes peuplades de la confédération.

On appelle ces gens les Imahzan, ou encore les Aït Akka, du nom de l'ancêtre Akka, grand-père commun de Moha et de son allié Bouhassous. Quant au mot Imahzan il semble provenir d'un ancêtre éponyme : Amahzoun, dont le souvenir n'est plus très net en tribu.

Moha avait de sérieuses raisons de quitter, malgré la chaleur torride, les grands ombrages de son campement normal d'été pour s'installer dans la plaine roussie, devant Khenifra. La petite bourgade devenait très rapidement populeuse et commerçante. On s'y rendait de tous côtés. Les marchands de Boujad y avaient installé des boutiques où ils vendaient la cotonnade et la bimbeloterie importées. Les gens de Fez, réunis en un quartier séparé, y avaient leurs comptoirs. Tout ce monde trafiquait, gagnait de l'argent ; le marché était libre, sans taxe aucune. Mais personne ne commandait, des scènes de désordre s'étaient déjà produites. Les clients berbères de la jeune Khenifra inquiétaient les étrangers par leurs instincts pillards, et risquaient de détruire dans son germe un centre commercial naissant dont toute la montagne devait vivre et dont Moha comptait bien tirer de larges profits.

Le caïd voulait mettre ordre à tout cela. Mais d'autres préoccupations encore l'amenaient à Khenifra. Les soldats à lui confiés par le Sultan montraient, depuis quelque temps, peu de bonne volonté. Certains ordres de Moha ou Hammou n'avaient pas été exécutés. Ces allures d'indépendance le gênaient et l'humiliaient. La cause du changement survenu dans l'esprit des soldats ne lui échappait pas. L'autorité du sultan Moulay Hassan semblait définitivement reconnue dans toute la partie du pays que les Berbères appellent le Gharb, c'est-à-dire tout ce qui n'est pas leurs âpres montagnes. Des nouvelles importantes couraient sur les marchés, dans les douars. Le Sultan, disait-on, allait se rendre au Tafilelt, berceau de la dynastie et y restaurer l'autorité chérifienne. Il lui fallait pour cela franchir les deux Atlas, couper en deux le monde berbère, accomplir ce qui n'avait pas été fait depuis Moulay Ismaël.

Les soldats savaient tout cela et se plaisaient d'ailleurs à le répandre. Le caïd reha, leur chef, convoqué à Fez, avait vu le Sultan, reçu ses instructions, rapporté des munitions, de l'argent. Le Makhzen donc en ce temps-là était fort et les soldats qui le représentaient devenaient arrogants. Ils cachaient de moins en moins le sentiment qu'ils avaient de leur supériorité sur les populations sauvages dont ils faisaient en somme la police, pour le compte de leur maître, Sidna Moulay Hassan le victorieux.

Si Moha avait tout ignoré des événements qui se préparaient, l'attitude des soldats du Sultan détachés auprès de lui l'eût renseigné. Inquiet, blessé dans son orgueil, il lui fallait pourtant temporiser avec ces prétoriens à la solde d'un autre. Il en avait besoin. A l'époque où Moulay Hassan se préparait à sa grande expédition, les fils de Moha étaient encore jeunes, et son clan qui devait plus tard suffire à dominer les autres n'aurait pu seul en venir à bout. Il y avait donc chez les Zaïane une situation intérieure tout à l'avantage du Sultan. La force militaire du Makhzen eût été impuissante à permettre l'immense randonnée, mais une politique prévoyante y avait aussi longuement travaillé. Et Moha sentait bien que le viol des libertés berbères, auquel il allait assister, était le prix de l'aide qu'il avait demandée lui-même à Moulay Hassan, le douloureux résultat de son alliance et de sa soumission. Sans la neutralité absolue de la confédération des tribus Zaïane maîtrisées par la poigne du caïd Moha ou Hammou, Moulay Hassan n'aurait pu, en effet, songer à franchir le Moyen Atlas. Partant de Fez, il comptait gagner la Moulouya en passant sur les fractions sans cohésion des Aït Mguild. Il lui fallait pour cela être sûr de ses flancs tenus à l'est par les hordes du Djebel Tichiouq, à l'ouest par les redoutables tribus Zaïane. Son alliance avec Moha d'une part, avec les Aït Youssi de l'autre, lui donnait de chaque côté la sécurité. La mehalla chérifienne marchant vers le sud ne serait pas insultée. C'est tout ce que demandait le Sultan qui n'avait pas l'intention de revenir par le même chemin.

Moulay Hassan a mis en effet largement en pratique le système des randonnées circulaires, celles qui présentent le moins de chance de trop durs combats. Il avait évidemment appris ou constaté que les tribus berbères, lentes à s'ébranler comme les individus y sont lents à réfléchir, n'attaquent jamais qu'au retour les forces obligées de traverser deux fois leur territoire. Dans toute l'histoire de la dynastie chérifienne, les grands échecs militaires ont toujours eu lieu durant des marches de retour vers les capitales. Le Berbère est incapable de résister au désir fou qui le prend de pourchasser les troupes qui s'éloignent de chez lui. C'est un pays d'où il ne faudrait pas être obligé de s'en aller. C'est par excellence le pays « à engrenage ». L'histoire de nos campagnes en Berbérie en fait à nouveau la preuve. Et il y a, dans cette manière d'agir des montagnards, autre chose encore que l'irrésistible plaisir de reconduire à coups de fusil des gêneurs. Une tribu, en effet, qui aura accueilli pacifiquement une troupe de conquérants sera irrémédiablement prise à partie et mangée par les autres tribus, quand l'étranger s'en ira. Il lui faut donc donner des gages en attaquant ceux qui la quittent, guider même le rameutage acharné des hordes voisines et cela explique tout le danger qu'il y a pour une colonne au moindre recul même momentané. Cela fait comprendre aussi cette condition qui paraît étrange, mais si souvent posée par les djemaas dans les palabres politiques : « Nous voulons bien vous accueillir en tel point, mais si vous y arrivez il ne faudra plus vous en aller. »

Le caïd Moha ou Hammou tenait donc à reprendre en main les soldats qui s'émancipaient. Il voulait aussi s'entretenir avec leur chef. Celui-ci, sans nul doute, devait rapporter de Fez des nouvelles intéressantes et probablement des ordres du Makhzen. Il avait enfin un autre but moins politique. La fille d'un caïd mia des soldats lui avait plu. Il la voulait pour femme et, avec cette énergique volonté qu'il mit toujours à satisfaire ses penchants, il venait demander cette fille et la prendre.

Le douar du chef s'était installé sur la rive gauche de l'Oum er Rebia, à quelques centaines de mètres du pont, devant Khenifra. Les tentes étaient disposées en un grand cercle sur un terrain incliné vers l'oued. Celle de Moha, placée au point le plus élevé, les dominait toutes. Sans sortir de la *khima*, le maître voyait la bourgade, le pont, le gué qui y accèdent et aussi la lourde casba qu'il se réservait et dont une nombreuse équipe de maçons et de manœuvres élevait les murs.

Un soleil ardent tombait sur toutes choses dans ce fond de vallée où la réverbération des hautes falaises du Bou Hayati aggravait la chaleur. Dans l'air étouffant s'élevait le bruit du torrent emporté sur son lit de basalte. On entendait aussi parfois le chant des maçons sahariens qui, à grands coups, damaient le pisé des murailles de Moha.

La tente du caïd était plus vaste et un peu plus haute que ne le sont d'habitude celles des Zaïane. Mais la disposition intérieure était celle de toutes les tentes berbères naturellement divisées par leurs supports en deux parties : la droite, pour l'arrivant, réservée au maître du foyer, la gauche aux femmes, aux domestiques, aux travaux de ménage. Le fond, placé contre un gros rocher sur lequel on mettait la nuit un homme de garde, était garni de bagages et de selles bien entassées formant un mur qui montait jusqu'à la toile sans la toucher. La cloison médiane était faite de nattes tendues entre les deux forts supports du faîte. Des caisses, des chouaris en paquets, empilés contre cette séparation, achevaient d'isoler la chambre dont le sol était garni de nattes et de tapis. De lourds matelas, des coussins carrés formaient l'ameublement, le tout rangé de façon à ménager un espace libre au centre de la pièce et jusqu'à l'entrée. Deux lignes de paillassons soutenus verticalement par des piquets masquaient celle-ci et formaient à la demeure un couloir d'accès en chicane.

Le grand douar était campé là depuis la veille. En cette heure la plus chaude du jour, le caïd Moha fils de Hammou reposait au fond de sa tente. Sa forte personne couchée sur matelas et coussins disparaissait entièrement dans un grand *selham* noir qui lui enveloppait les pieds et dont le capuchon, rabattu sur les yeux, laissait voir seulement du visage un menton carré, un peu brutal, encadré d'un collier de barbe noire où déjà quelques fils blancs tranchaient.

La Fassiya, femme du caïd en ces jours-là, était assise par terre tout près. Elle s'accoudait sur un grand coffre à puissante serrure, le coffre particulier du maître ; car c'était une prérogative très recherchée, réservée successivement à celles qui détenaient plus ou moins longtemps la place, de pouvoir s'asseoir sur le *sendouq* du caïd et parfois de jouer avec le contenu. La Fassiya tenait un éventail en feuilles de palmier nain dont elle se servait pour chasser les mouches. Elle regardait tour à tour le chef endormi, son jeune fils Miammi qui nonchalait sur le tapis et un petit chamelon blanc familier qui, engagé dans le couloir d'entrée, poussait gauchement son cou plat entre les deux nattes pour attraper des bribes qu'une main lui jetait du compartiment des femmes.

La Fassiya riait découvrant des dents blanches, seul attrait d'un visage sans charme et déjà fané. Tout cela se passait en grand silence, sous la tente chaude, où n'arrivaient du dehors que les aboiements lointains des chiens de douar ou l'ébrouement des chevaux rangés aux piquets devant les tentes. Un bruit étouffé de gens au travail s'entendait derrière la cloison de nattes.

Il y avait là, en effet, deux femmes qui pétrissaient de la pâte dans de grands plats en bois. Alternant à ce labeur pénible, chacune d'elles s'acharnait sur la lourde matière, puis, son effort épuisé, lançait la chose dans le plat de l'autre qui à son tour reprenait. L'une était une servante âgée, l'autre une fille d'une douzaine d'années, robuste, élancée et, par la force et le geste, presque une femme.

C'était Rabaha, fille de Moha et de Mahbouba des Aït Ihend. Le caïd avait épousé celle-ci à l'époque où il n'était encore que l'*amrar*, le chef élu, de quelques peuplades Zaïane.

Rabaha n'était pas une beauté, maïs elle avait des traits réguliers, énergiques, dans un ovale correct accentué d'ailleurs par deux petites nattes de cheveux tressés à plat qui dessinaient le contour du front, longeaient d'une courbe les tempes et disparaissaient par-dessus les oreilles sous la nuque. Son teint fortement hâlé tempérait de grands yeux noirs comme sa chevelure, comme ses sourcils.

En cette heure de travail pénible, sous la tente surchauffée, elle était vêtue seulement d'une chemise de laine serrée à la taille et dont le tissu par place plaquait à son corps ruisselant. De vastes manches retroussées jusqu'aux épaules sortaient ses bras brunis, déjà solides.

Tandis que la domestique plus entraînée travaillait assise, Rabaha se tenait à genoux et penchée sur le pétrin, pour ajouter tout son poids à la force de ses mains meurtrissant la pâte. Toute sa souple personne, contribuant ainsi à l'effort, ondulait de la croupe à la nuque à chaque mouvement des poignets. C'était une belle image de l'être humain en pleine nature travaillant son pain à la sueur de son front.

Leur tâche achevée, Rabaha et la servante regagnèrent la khima voisine où elles vivaient. Là blotties dans un coin familier, étendues sur une natte, visage contre visage, à voix basse elles reprirent une causerie interrompue.

— Ma tante Itto, ne t'ai-je pas bien aidée pour la pâte ? dit Rabaha.

— Oui, répondit la servante, mais ce n'est pas là un travail pour la fille du caïd.

— Triste fille, reprit Rabaha, il ne s'occupe guère de moi… La Fassiya est seule maîtresse aujourd'hui, as-tu vu ses bracelets d'or ? Et Miammi son fils ? Le caïd des soldats lui a apporté de Fez un caftan de drap vert. Il n'y en a que pour elle et son rejeton.

— D'accord ! Mais qu'en sera-t-il demain ? dit la vieille. Crois-moi, être femme du caïd, ce n'est pas grand'chose ; être fils ou fille du caïd, c'est infiniment mieux. Pour un chef comme lui, la descendance seule importe ; elle soutient sa force et l'enrichit. Son cœur d'ailleurs est vagabond comme l'esprit des gens de notre race : on laboure un champ ; la récolte faite, on pousse plus avant les tentes, les troupeaux et l'on choisit une terre nouvelle pour ensemencer.

— Tu parles, dit la fillette sérieuse, comme le *fquih* de Sidi Ali. Où as-tu appris cela ? Il est vrai que tu es vieille, tante Itto ; tu peux aller et venir sans la permission de personne ; tu entends tout, tu connais tous les douars et les chemins de la montagne et de la plaine… Je t'aime, tante Itto ; sans toi j'aurais perdu jusqu'au souvenir de ma mère. Quand pourras-tu encore lui porter de mes nouvelles ? et puis, ajouta-t-elle très bas, tu m'avais promis de me dire un jour la cause de son absence. Où est-elle cachée ? Pourquoi ne puis-je la voir ?

— L'ordre du caïd, dit la vieille, a jeté le silence sur ces choses. J'ai redouté longtemps ton imprudence, mais tu es grande aujourd'hui ; si tu me promets… songe à ce que je risque !… donne ton oreille.

L'enfant se rapprocha de la vieille et lui passa le bras autour du cou, feignant de vouloir s'endormir sur son sein. Et ainsi, bouche contre oreille, très bas et vite la servante raconta l'histoire de Mahbouba des Aït Ihend.

— Tu connais Sidi Ali, le saint, qui habite là-haut… Quand on a dépassé *El Kebbab*, on prend à gauche le sentier des chorfa de Tabquart, celui qui passe à la source où il n'y a pas de tortues ; l'eau est trop froide… Sidi Ali, c'est le grand ennemi de ton père l'amrar. Moi je dis l'amrar, tu sais, parce que je suis vieille. Vous autres vous dites le caïd et avez peur de lui… Sidi Ali est le maître des choses dans toute la montagne. Il a le livre de Sidi Bou Beker son aïeul qui dit le passé et l'avenir. Sidi Ali est un saint ; il parle avec Dieu, le sultan des saints, et tu ne peux pas le regarder sans que les yeux te cuisent tout de suite, c'est un fait. Ton père veut être le maître aussi, mais par la force. Sidi Ali est l'homme de la prière, Moha l'homme de la poudre. Pourtant ils se ressemblent tous les deux par leur goût pour les femmes. Dieu les a faits ainsi, il n'y a rien à y reprendre.

Le caïd donc, ayant vu la femme de Sidi Ali, l'a désirée. Il a trouvé le moyen de le lui faire savoir par ce Brahim, l'Islami, que Sidi Mehdi l'aveugle ! et un jour qu'elle était soi-disant en quête de glands doux, elle s'écarta exprès ; quatre hommes l'enlevèrent et la portèrent ici.

Ta mère est orgueilleuse et jalouse, elle n'a pas accepté l'associée ; elle a fait une scène violente, malgré toutes les bonnes paroles du caïd et tout ce qu'il lui donna, selon sa coutume, une tente, des animaux, des serviteurs pour elle et pour toi. Cela dura toute une journée et le soir la pauvre se calma et parut accepter sa belle place dans le douar. Mais, la nuit venue, elle s'enfuit. On ne s'en est aperçu que le lendemain. Fille des Aït Ihend, elle connaissait parfaitement le pays. Elle arriva très vite chez Sidi Ali, lui raconta comment sa femme était chez Moha. Le marabout parle très peu. Il peut rester un an sans parler. Il a dit simplement : « Dieu m'en donne une autre », et il a pris ta mère, rendant ainsi à son ennemi la pareille.

Rabaha lâcha le cou de la servante et se dressa à demi sur un coude. La vieille vit son front plissé, ses lèvres pincées.

— Moi aussi, dit l'enfant, j'irai chez Sidi Ali, je rejoindrai ma mère.

— In cha'llah, si Dieu veut, dit la servante.

L'heure brûlante était passée. Au déclin du soleil, le vent se leva et de gros nuages de poussière rouge s'envolèrent de la plaine embrasée. D'Adekhsan à Khenifra, du djebel Trat au Bou Guergour, ce fut une valse endiablée de nuées opaques et chaudes tournoyant dans la cuvette encerclée, se heurtant, se pénétrant. Les tourbillons dressaient au ciel des colonnes qui s'écroulaient, puis repartaient en girations folles pour aspirer encore de la terre rouge et avec elle tous les déchets du sol, feuilles, herbes flétries, paille et orge des animaux, lambeaux d'étoffe arrachés au douar. Le sable cinglait, entrant sous les tentes, dans les petites maisons de la bourgade, aveuglant les gens, séchant les lèvres. Exaspérés, les chevaux à l'attache virevoltaient sur leurs membres entravés pour offrir la croupe tantôt d'un côté, tantôt de l'autre, au fouet des trombes pulvérulentes. Un troupeau de bœufs affolés traversa la plaine, se jeta dans le gué. Là, ces bêtes se laissèrent choir, la tête seule hors de l'eau, trempant de temps à autre leurs mufles où la terre rouge collait.

Puis cela cessa tout d'un coup ; une fraîcheur relative s'épandit ragaillardissant les êtres. Et il sembla que le grand douar s'éveillait. Les chevaux hennirent demandant l'abreuvoir, des théories de femmes sortirent, la cruche sur les reins, pour aller au fleuve, tandis que, à coups de maillet, les jeunes gens et les vieilles femmes assuraient, replantaient les piquets des tentes ébranlées ou effondrées par la bourrasque.

Tout au début de celle-ci, un homme s'était présenté chez Moha ou Hammou. Les domestiques qui attendaient au dehors le réveil du maître le connaissaient ; il s'assit parmi eux, près de l'entrée. Quand la tornade se déclara, il aida ces hommes à maintenir la tente que le vent secouait et cherchait à enlever ; puis, la tempête calmée, il entra tout droit chez le caïd.

Brahim el Islami avait ainsi des ces familiarités avec le chef. Comme son nom le fait comprendre, c'était un juif converti à l'Islam. On le disait originaire de Boujad. C'était plutôt un de ces juifs montagnards robustes et sauvages qui vivent chez les Berbères du Grand Atlas et qui seuls, de leur race, peuvent donner aujourd'hui une idée approchée de ce que furent les Beni Israël, en leurs diverses servitudes de l'antiquité sémite. Cet Abraham devenu Brahim, vêtu comme les autres Berbères, avec une pauvreté d'ailleurs feinte, n'avait rien qui le distinguât des Zaïane, sauf certains traits de son visage, une démarche un peu plus molle et un langage plus chantant et zézayé.

Il était le confident, l'agent secret pour affaires compliquées, le familier de Moha. Il était son conseiller aussi pour tout ce qui avait trait aux vilenies intimes, au triste fond de l'âme humaine.

Il y gagnait pas mal d'argent qui s'en allait, en effet, à Boujad dans la plus juive des maisons badigeonnées de *nila*, aux mains jaunies, mais si fermes encore de sa vieille mère. Tout cela se faisait en grand secret, par crainte des rabbins préleveurs de dîmes, du sid toujours en quête d'éponges à presser, des juifs si haineux aux juifs. Et quand parvenait au caïd Moha la dénonciation de se méfier du faux musulman, il répondait :

— Tant mieux s'il est bien juif ! Je suis sûr qu'il ne me tuera pas.

Ce fut en effet, dans ses années de vigueur, une faiblesse singulière chez cet homme énergique d'être hanté par la crainte d'un assassinat. Pendant longtemps, Brahim fut le seul homme avec lequel il consentit à causer sans témoin.

Moha avait aussi la crainte d'être empoisonné par des vêtements imprégnés d'un venin subtil. Ses *belgha*, son linge de corps lui étaient fournis par un unique marchand de Fez connu de lui seul et de son factotum juif. Cette hantise lui vint, dit-on, de ce que Sidi Ali, son voisin et ennemi, avait subi une tentative d'empoisonnement qui provoqua une violente et douloureuse éruption de tout l'épiderme. Mais il faut ajouter que Moha était généralement soupçonné d'avoir voulu supprimer ce dangereux concurrent à la suprématie en montagne.

Brahim revenait donc ce jour-là d'accomplir une mission délicate. Quand il entra sous la tente, il s'assit près de l'entrée, sous l'œil du maître, et attendit. Il y avait là plusieurs femmes et hommes s'empressant à mettre de l'ordre dans la demeure du chef violemment secouée par la tornade. L'épaisse toile de laine et de poil de chèvre était intacte, mais ses battements puissants avaient ébranlé les grands supports, arraché des piquets et fait écrouler le mur de choses empilées qui garnissait un côté de la chambre. Le caïd, qui eut toute sa vie des habitudes de nomade invétérées, considérait ce remue-ménage d'un œil placide et donnait à ses gens des indications. La Fassiya et Hassan, fils de Moha, accouru à la rescousse au plus fort de la bourrasque, s'empressaient d'aider le chef à changer ses vêtements couverts de poussière rouge.

Le caïd enfin reprit sa place, tandis que les hommes, les femmes s'en allaient leur tâche terminée. Sur un geste, l'épouse disparut emmenant son fils, et Hassan la suivit. Ils avaient vu d'ailleurs le Brahim accroupi, silencieux, près de l'entrée. Ils savaient qu'à ses conversations avec cet homme le caïd ne voulait pas de témoin. Le vide fait, l'émissaire s'approcha du Zaïani.

— La route fut pénible, dit Brahim, mais j'ai appris, je crois, tout ce que tu voulais savoir. On connaît parfaitement en tribu les projets de voyage du Sultan.

Brahim avait en effet été chargé de parcourir les tribus voisines, d'y étudier l'effet produit par l'annonce de la grande harka, de scruter les intentions de la masse berbère qui de l'oued Dadès à l'Oum er Rebia, à la haute Moulouya, furieusement jalouse de son indépendance, formait un bloc résistant, difficile à atteindre ou à dissocier, intact jusqu'à ce jour de toute emprise étrangère.

D'après ce qu'il allait apprendre de son espion et ce qu'il entendrait du caïd des soldats qui revenait de Fez, Moha comptait régler sa conduite, peser l'intérêt qui l'attachait encore au respect de son serment d'allégeance, déterminer enfin toute sa politique.

— Dis ce que tu sais, fit-il.

— Voici : je suis parti par l'oued, vers le couchant. Ma première nuit se passa à Tameskourt où des gens venus de Meknès ont raconté devant moi des histoires terribles… pour des enfants. Le Sultan aurait reçu une grande quantité de canons et viendrait venger sur les Aït Ishaq, les Ichkern, les Aït Soqman le meurtre de son parent… tu sais bien, Moulay Sourour qui a été tué par là il y a cinq ans.

Le lendemain, continuant ma route, j'ai laissé de côté la plaine où tout est cuit et gagné la montagne d'El Kebab par Tineteghaline. Le pays est vide ; les enfants sont plus haut encore, car il fait très chaud ; avec cela, ils ont brûlé tous les chaumes depuis l'oued Serou jusqu'au pont des Tadla. Après les pluies, il y aura là de bonnes terres, sais-tu ?

Sidi Ali était à Toujjit, avec ses serviteurs campés autour de lui. Il y avait là quatre djemaas des Aït Soqman avec beaucoup de monde, des Ichkern, des Aït Ishaq. Sais-tu que Sidi Ali donne l'*ouerd* derqaoui ?

— Cela m'est égal, ce sont des singeries ; continue.

— Ces singeries feront de tous les singes tes ennemis. Mais je poursuis en te citant les Aït Ihend qui sont à toi, je pense ?… C'est ce que je me disais ; sache qu'ils ont reçu de Sidi Ali un moqaddem qui leur fait la prière. Je n'ai pas eu besoin d'aller plus loin ; la montagne était là, entière, en ziara auprès du marabout. Depuis Toujjit, en passant par Arbalou, jusqu'à Tounfit, c'est un immense *taallemt*[14] de tribus. Les Aït Soqman en ont profité pour s'étaler un peu chez les Aït Omnasf. Il y a eu des coups de fusil. Mais chaque bagarre profite au saint qui arbitre. Les tellis d'orge et de blé s'entassent dans la demeure d'Arbala. Il en vient même de tes tribus.

[14] Rassemblement de tribus pour discuter des choses de guerre.

— Tu l'as déjà dit, je sais cela. Continue.

— Tout ce rassemblement facilité d'ailleurs par la saison, tous ces hommages au marabout sont provoqués par la crainte du Makhzen. On vient demander à Sidi Ali son avis sur la conduite à tenir. Le saint, selon son habitude des circonstances difficiles, est tombé en extase ; il est muet. Ses serviteurs l'ont installé sous ce grand cèdre… celui qui marque la limite des trois tribus Aït Yahia, Aït Ihend, Aït Soqmane. Il est assis sur des tellis de grains, le dos contre l'arbre. Il a les yeux ouverts sur toute la plaine de la Moulouya en bas, vers l'Orient. Sa figure jaune est tirée. Ses cheveux tombent sur ses épaules. Des femmes accroupies, immobiles, l'entourent prêtes à le servir. L'une d'elles lui a noirci de henné cette bosse qu'il a sur le front. Il est terrible à voir. Je pense qu'ainsi devait être notre Seigneur Moussa quand il reçut de Dieu la Loi sur le djebel Sina.

— Juif ! tu t'es laissé impressionner aussi ?

— Non… tu as tort de ne pas m'écouter ; cet homme est puissant et sa force causera ta faiblesse, si tu n'y prends garde.

— Allons, je t'écoute ; que s'est-il passé ?

Cela dura quatre jours ; la nuit, ses gens l'emportaient dans sa tente pour le remettre le lendemain contre l'arbre. A la fin, tout le monde était fou. Les femmes se roulaient par terre devant lui en le suppliant de parler. Les hommes étaient fous comme les femmes. On se battait. Les Aït Mguild chez qui, en somme, ces gens campaient, étaient furieux, exigeants. Enfin Sidi Ali reçut la nuit, en grand secret, un courrier expédié aux nouvelles. Il apprit de cet homme l'itinéraire de la harka chérifienne. Les tribus qu'elle doit traverser sont déjà prévenues d'expédier au-devant du Sultan la *beïya*, leur acte de fidélité et des cadeaux. On sait ainsi qu'il va au Tafilelt par les Aït Izdeg. Il évitera de venir par ici. Le courrier c'est Haddou des Ighesroun ; il me doit de l'argent. Il avait été chambré, mais j'ai pu le voir… grâce à Mahbouba…, la mère de ta fille Rabaha.

— Ah ! tu l'as donc vue ?… mais nous causerons de cela tout à l'heure, dit le caïd.

— Le lendemain, vers le milieu du jour, le saint parla et ses paroles volèrent de bouche en bouche jusqu'aux plus éloignés. Il dit : « Je n'ai pas vu le signe… Mon heure n'est pas venue… Dieu retient mon bras. » Et en effet les femmes qui l'entourent avaient remarqué, durant son extase, que son bras droit était mort. « Rentrez dans vos douars, ajouta Sidi Ali… que la paix soit parmi vous, parmi vos enfants, vos femmes, vos troupeaux… soyez toujours prêts… nul autre ne sait l'heure que mon aïeul Sidi Boubeker… je veille… L'aigle sur le rocher regarde au loin ce qui se passe… il est sans crainte. »

— Ce vilain hibou se compare à un aigle ! dit Moha méprisant ; puis il conclut : ce qui importe est que ses gens vont rester dans l'expectative hostile. Ils ne feront pas de démarche vers le Sultan.

— Ils n'en feront pas.

Moha resta un moment silencieux, puis brusquement demanda :

— Et maintenant, parle de la femme.

— Oui, j'ai vu Mahbouba, mère de ta fille Rabaha. Tu sais d'ailleurs que je l'ai rencontrée souvent. Elle tenait à avoir des nouvelles de sa fille et maintenant plus encore. Car ce qui devait être a été. Mahbouba est délaissée ; une autre, puis une autre ont pris sa place. N'ayant pas enfanté, elle est reléguée parmi les femmes infécondes. La colère et les regrets la rongent. Elle fut ici orgueilleuse, mais là-haut, chez son saint homme d'époux, il n'y a pas de place pour une femme acariâtre. Elle fut écartée et s'est mal conduite. Il ne lui reste plus qu'à fuir de là aussi. Mais elle ne peut rentrer dans sa tribu des Aït Ihend où ta colère et celle de Sidi Ali pourraient la joindre. J'ai donc saisi la confiance de cette femme troublée. Elle m'a beaucoup servi à me faufiler partout où ton service l'exigeait. Elle m'a ouvert son cœur et confié ses secrets. Mahbouba veut passer chez les Aït Mguild qui transhument vers le nord et gagner avec eux la plaine à l'approche de l'hiver. Mais elle tient à ravoir sa fille et — ici le misérable ralentit son discours pour en juger l'effet — et je suis chargé de prévenir l'enfant, de lui indiquer le rendez-vous où elle doit retrouver sa mère. Je t'en avise. Qu'en penses-tu ?

Brahim regarda le caïd, attendant un compliment. Moha, accoudé, le menton dans sa main, pose habituelle de ses réflexions, avait écouté les yeux dans le vague. Quand son espion cessa de parler il tourna légèrement vers lui un visage où nulle impression n'apparaissait et dit :

— J'ai compris. Retire-toi, pour le moment. J'attends d'autres visiteurs.

L'homme se leva. L'incertitude où son maître le laissait de sa satisfaction le troubla. Il sortit à reculons, incliné en posture servile. Moha vit cette gêne et une gaîté lui en vint. Il eut un éclat de rire et cingla de ces mots son courtisan :

— Allons, redresse-toi ! Sois comme tout le monde. Tu oublies que tu es devenu libre.

Brahim s'éclipsa, l'audience continua et Hassan fils de Moha vint s'asseoir auprès de son père.

———

Alors entra dans la tente Si Qacem el Bokhari, caïd des soldats du Makhzen. C'était un homme dans la force de l'âge, portant beau. Demi-nègre, il appartenait à la descendance de cette tribu militaire dite des Bouakhar créée par le grand sultan Moulay Ismaël et dans laquelle, depuis deux siècles, les chorfa couronnés ont trouvé leurs meilleurs serviteurs et de vigoureux soldats. Qacem était de ceux qui, dans leur correspondance, s'intitulent Abd Sidi, esclave de mon Sid, et, dans leurs actes, poussent l'obéissance aux ordres du souverain aussi loin et aveuglément que le peut exiger la plus despotique fantaisie. L'âme de ces gens a gardé l'empreinte donnée à celles de leurs pères par l'incroyable fureur sanglante qu'exerça sur son peuple cet Ismaël, contemporain de Louis XIV et ancêtre des sultans actuels.

Le caïd qui revenait de Fez se présenta devant Moha revêtu du costume d'apparat que lui avait donné le Sultan. Il avait donc un pantalon bouffant d'un rouge inusité, une veste courte du même, soutachée d'or et de soie verte, ensemble inattendu, opposé à toute mode mograbine, premier essai d'importation qui faisait prévoir les extraordinaires *caïd's dress* dont, quelques années plus tard, l'humour politique et commercial des Anglais bourra jusqu'au faîte, à des prix fous, les magasins du pauvre Abd-el-Aziz.

Cet uniforme effarant se complétait d'un sabre à fourreau de cuir, à poignée de corne dont la bretelle croisait, sur la poitrine, le cordon de soie verte auquel pendait le Qoran dans sa gaine de cuir brodé. Qacem avait mis sur le tout le beau *selham* de laine blanche cher à tous ceux du Makhzen et coiffé le bonnet rouge qui émergeait en pointe d'un turban épais, bien serré et lisse d'étoffe blanche aussi. Ainsi vêtu et suivi à distance par la population du douar qui n'avait jamais vu chose pareille, le caïd des asker arrivait tout imprégné d'importance, suant d'ailleurs à grosses gouttes sous cette livrée dont il n'avait pas l'habitude.

En le voyant, Moha subit une impression pénible. Il eût voulu rire, il n'osa pas. L'aspect du caïd, si étrange pour ses yeux de montagnard, le troubla. Il eut la vision importune de ce que représentait cet homme : une puissance ennemie, organisée, riche, qui de loin l'étreignait peu à peu. Il aimait, il estimait le caïd Boukhari qui lui avait rendu maints services. Il eut la sensation très nette et cruelle que ce fidèle serviteur ne travaillait pas pour lui mais pour un autre ayant des choses une conception différente de la sienne, un autre qui avait à sa solde une quantité de gens dévoués, comme celui-là, des gens à bonnets pointus, à vêtements bizarres. Quand il était allé lui-même à Fez voir le Sultan, il n'avait pas eu, au cours des fêtes et des réceptions, l'opprimante impression que lui causait cet homme rouge, blanc, vert, drôle, mais fort, intangible, surgissant chez lui, sous cette tente, dans son bled, au beau milieu de la plaine farouche où il croyait régner seul, à l'abri de ses montagnes, de leurs grandes forêts, de leurs profondes crevasses, pays qu'il adorait pour toute sa sauvagerie, de toute la force de son âme sauvage. Jamais il n'avait autant senti la fragilité de son indépendance qu'en voyant arriver en ambassadeur, habillé comme un *babarayou*[15], son ami, le nègre, le simple et complaisant Ba Qacem, le père Qacem des soldats du Makhzen.

[15] Perroquet.

Tout cela traversa l'esprit, étreignit le cœur de Moha dans l'espace très court qui s'écoula entre l'entrée du caïd et le moment où pompeux, la main sur le cœur, il salua :

— Es Salamou alaïkoum.

Le Zaïani s'était déjà ressaisi et, sûr de soi, un peu mécontent même de sa faiblesse passagère, il accueillit cordialement le visiteur qui s'assit sur un coussin en face de lui. Il y eut un long échange de politesses. L'homme du Makhzen restait solennel ; Moha tâchait de retrouver sa familiarité un peu hautaine et d'ailleurs lourde de grand chef. Une particularité en tout cas marqua l'entretien. Le caïd retour de Fez, réimprégné de cet esprit de religiosité qu'élabore la ville de Moulay Idriss, s'efforçait de parler un arabe correct émaillé de formules pieuses. Moha, au contraire, ne cessa d'employer sa propre langue, peut-être par besoin de s'affermir dans les idées d'indépendance qu'elle symbolisait pour lui, plus sûrement pour marquer le coup et rappeler à Qacem qu'il n'était pas chez le Sultan, mais chez les plus rudes des Berbères Aït ou Malou, fils de l'ombre.

Cette forme de la conversation ne gênait aucun de ces hommes également bilingues. Ba Qacem d'ailleurs arrêta net le Zaïani qui commençait à questionner.

— Tout d'abord, dit le soldat, il faut prendre connaissance de la lettre bénie dont m'a chargé pour toi mon maître le Sultan.

— Fais voir, dit Moha.

Le chef des soldats ouvrit le petit sac qui protégeait son Qoran et retira de la patelette doublée de soie un pli allongé dont il montra le grand cachet rouge qui le scellait, bien intact.

Puis coupant délicatement l'enveloppe sur son bord étroit, il en tira comme d'un étui la lettre chérifienne qui, déployée lentement, apparut timbrée en haut du grand sceau de Moulay Hassan, fils de Sidi Mohammed, fils d'Abderrahman, fils d'Hicham. Ba Qacem baisa pieusement le cachet et tendit la lettre au Zaïani. Celui-ci la prit maladroitement, ferma un œil, mit sa main en cornet devant l'autre pour examiner la chose, geste familier à tous ceux d'ici qui, accoutumés à voir de très loin, ont du mal à discerner de près des traits déliés tels que ceux d'un cachet ; puis il rendit la lettre en disant :

— Expose toi-même ce qu'elle porte ; je ne sais pas lire.

En fait, le brave troupier qu'était le caïd des asker en eût été lui-même bien empêché, s'il n'avait pris soin de se faire longuement expliquer, sur le brouillon du rédacteur, les phrases ampoulées et prétentieuses du message impérial.

« A notre serviteur intègre, disait celui-ci, le caïd Mohammed, fils de Hammou, le Zaïani. Que Dieu t'accorde le salut, sa miséricorde et sa bénédiction. » Et ensuite : « Lorsque Dieu par un simple effet de sa bienveillance m'a appelé au pouvoir et m'a donné la terre en héritage pour faire régner la prospérité, mon seul souci a été de travailler au bien des musulmans, de rétablir l'ordre et de grouper tous les croyants autour de moi. Mes efforts ont tendu vers ce but et Dieu — qu'il soit exalté ! — m'a permis de parcourir mon empire fortuné, suivi de mon armée victorieuse. Il me reste à visiter les plaines sahariennes et les montagnes berbères. L'encre des plumes évitera l'effusion du sang, si Dieu veut ; mais fort de son appui, avec l'aide de mon armée immense et toujours victorieuse, j'atteindrai ceux qui s'écartent de la voie et négligent mes ordres. S'il le faut, mon étrier glorieux escaladera les escarpements, gravira les énormes montagnes qui semblent converser avec la lune et donner la main aux étoiles[16]. Au-devant de Notre Majesté élevée de par Dieu, les gens seront forcés d'apporter le licol et la longe et de replier les étendards de l'égarement et de l'erreur.

[16] Le lecteur qui trouverait ici que l'auteur exagère pourra se reporter au *Kitab el Istiqsa*, chronique de la dynastie marocaine actuelle, dans la traduction d'Eugène FUMEY (*Archives marocaines*, vol. X, t. II, p. 372 et suiv.). Il se convaincra que la teneur de lettre ici transcrite n'est, dans le genre emphatique et prétentieux, qu'un vague reflet du texte original.

« Sache donc que quittant notre glorieuse capitale de Fez la bien gardée, je conduirai mon armée immense, par les Beni Mguild, jusqu'au pays des Aït Izdeg. De là, par le pays des Aït Moghrad et des Aït Haddidou, je me rendrai au Tafilelt pour prier sur la tombe de mes ancêtres, que Dieu les sanctifie !

« Pour le surplus, le porteur te dira ce qu'il doit dire. Salut ! »

Comme presque toutes les lettres du même genre, celle de Moulay Hassan s'arrêtait net au moment où elle allait devenir intéressante. Le Sultan ne voulait confier à personne de son entourage ce qu'il avait à dire au chef berbère de la grande confédération Zaïane. Il avait préféré laisser sortir de Fez le caïd porteur de la lettre, puis le rappeler auprès de lui pour lui donner sans témoin les instructions destinées au Zaïani. Après quoi le messager avait été remis en route, sans qu'il puisse parler à personne de la ville ou du palais. Il y a dans la politique makhzen quantité de petites rouberies enfantines du même genre.

Sa lecture finie, le caïd Qacem el Bokhari se rapprocha de Moha et de Hassan et ajouta à voix basse.

— Voici les paroles de notre Maître pour toi, Moha.

Les Zaïane devront s'abstenir de toute aide aux gens que je veux châtier ou seulement ramener dans le droit chemin. Le caïd Moha, aidé de notre ami très cher le caïd Qacem et des soldats glorieux à lui confiés par Notre Majesté, devra tenir la main à ce que chacun reste chez soi. Le pays des Zaïane n'étant pas de ceux dont j'ai décidé la visite, ses habitants n'auront aucune charge ni imposition pour l'entretien de ma mehalla heureuse que Dieu guide. Le caïd Moha règlera, selon son cœur et la pure tradition, sa conduite personnelle en ce qui concerne les hommages à rendre à mon noble étrier.

— Que veut dire cela ? interrompit le Zaïani, qui d'ailleurs avait fort bien compris.

— Cela signifie, reprit Qacem, que tu ne pourras laisser le Sultan passer dans ton voisinage sans aller le saluer avec, dans les mains, ce que les convenances conseillent.

— Ah ! bien, tu devrais t'exprimer clairement, dit le Berbère...

— Je continue, dit le soldat. Notre Maître a dit aussi : Il ne suffit pas que notre ami très cher le caïd Mohammed se contente de maintenir en repos ses propres tribus. Il doit encore, par tous les moyens et au besoin par la guerre, clouer sur place les gens maudits de Dieu pour leurs mauvaises intentions apparentes ou cachées qui seraient capables de détourner de sa route mon noble étrier chérifien.

Ainsi parla Mon Seigneur, conclut Qacem.

— J'ai compris, dit Moha.

Et après un instant de réflexion il ajouta :

— Mes tribus sont dans ma main. J'adresserai au Sultan les hommages et les cadeaux qui lui sont dus, mais je ne pourrai y aller moi-même car, pour répondre à son désir, il me faut être attentif à tout ce qui pourrait jaillir du haut des monts. Tu lui diras que son pire ennemi est le vilain diable d'Arbala, Ali Amhaouch, celui dont les serviteurs ont trahi et assommé Moulay Sourour. Dis au Sultan qu'il ne lui convient pas de venir par ici châtier ce traître. Assure-le que je ferai de mon mieux pour le contenir. C'est donc toi qui iras à ma place exposer cela à ton maître et lui porter mon cadeau. Et maintenant est-ce tout ?

Le brave caïd Qacem qui revenait de Fez tout imprégné de l'onctueux formalisme pratiqué au Makhzen fut un peu choqué de la réponse désinvolte de Moha ; mais il connaissait déjà la brusquerie native du grand chef. Il dégageait en tout cas des paroles entendues que le Zaïani voulait éviter deux choses qui l'auraient gêné beaucoup, une visite personnelle au Sultan, l'intervention de celui-ci dans la région. Mais il ne s'attendait guère à ce qu'il allait entendre encore. Hassan, au contraire, le savait sans doute car il sortit de la tente laissant son père en tête à tête avec le caïd des soldats.

Et Moha continua :

— El Maati, ton adjoint, a une fille qui me plaît. J'ai décidé de l'épouser. Tu préviendras ses parents et des gens de ma tente iront la leur demander pour moi.

Ba Qacem eut de la difficulté à comprendre ce qui se passait. Il en était encore à la mission du Sultan, aux affaires politiques, aux choses graves.

— Parles-tu pour rire ? demanda-t-il, songeant à quelque lourde plaisanterie comme Moha en avait parfois.

Mais le sourire qu'il ébauchait s'effaça quand il vit la transformation qui s'opérait dans l'aspect du caïd.

Secouant son ample burnous noir, il en avait fait jaillir ses bras nus, bruns et musclés. D'un revers de main, son capuchon était retombé en arrière entraînant la rezza, la bande de mousseline blanche qui ceignait sa tête et celle-ci apparaissait toute rasée, à l'exception de deux touffes longues et bouclées qui ornaient ses tempes. Son visage n'avait plus rien de l'aménité goguenarde par laquelle il accueillit le mandataire du Sultan et son discours. Moha était sous l'empire de quelque pensée violente et Ba Qacem ne s'y trompa point.

— Rire ! dit Moha, il n'en est pas question. Je t'ai écouté ; à ton tour de m'entendre. Je viens de te dire mes intentions ; tes soldats s'honoreront en alliant une de leurs filles au caïd Moha. Ils rachèteront un peu leur mauvaise conduite à mon égard. Tu ne me demandes plus si je plaisante ? Sais-tu qu'en ton absence ils ont détroussé des gens de Fez, des sujets de ton maître qui venaient à Khenifra ? Sais-tu qu'à mon appel aucun n'a répondu le jour où les Aït Bou Mzil saccagèrent les marchés ? Et tu viens me dire de la part du Sultan qu'il faut tenir la montagne en respect ! Mets de l'ordre à tout cela, Ba Qacem, je te le conseille vivement.

— Je te conseille, à mon tour, dit le soldat, de renoncer à ce mariage. Tu abuses… Je ne sais pas vraiment comment présenter la chose à mes hommes.

— Demande conseil à ta tête… et bonjour !

Ba Qacem se leva et sortit de la tente. Moha l'entendit qui exhalait en un Allah ou Akbar ! toutes ses impressions confuses et chagrines.

Hassan reparut devant le chef.

— Tu as tort, mon père, tu as tort de ne pas remettre à plus tard ce projet de mariage. Ces gens sont pleins d'orgueil ; c'est jouer avec le feu.

Mais Moha négligeant ces paroles suivait sa pensée furieuse.

— Tu l'as entendu ! le licol et la longe ! le licol et la longe ! Voilà ce qu'ils nous réservent, après tous ceux dont parle la lettre. Et l'on m'écrit cela ! et je dois l'écouter devant mon fils !

Hassan était venu faire à son père quelques remarques timides. Il craignait que le caïd dominé par ses sens n'eût perdu de vue sa politique habituelle de patience envers les soldats du Makhzen. Il estimait que l'union projetée avec une fille de ceux-ci pouvait rencontrer de la résistance, provoquer l'insubordination définitive de gens dont on avait besoin. La vue de son père dont le visage et les exclamations exprimaient la tristesse et la révolte modifia sa pensée. Il n'y avait d'autre passion dans les yeux de Moha que celle de vivre indépendant et d'assurer à ses enfants cette liberté. Le Berbère se cabrait à la pensée que d'autres de sa race, de ses proches subissaient l'opprobre d'une soumission dont la lettre du Sultan définissait si cruellement le signe exigé : le licol et la longe, honteux emblèmes de la servitude des bêtes de somme.

Hassan comprit. Son père humilié avait, au risque de tout aggraver, répliqué en demandant aux soldats du Sultan une marque d'obéissance à ses fantaisies. L'audace répondait à l'insulte. Le fils de Moha regretta sa pensée. Son père lui apparut très beau et juste dans sa colère, dans sa haine de l'esclavage, son appréhension de l'avenir pour lui, pour les siens, pour toute l'immense et pauvre famille berbère, vigoureuse mais si divisée et faible en présence de l'autorité envahissante du Sultan. Hassan ressentit à l'extrême les sentiments qui animaient son père et il l'aima violemment de les avoir. Sans ajouter un mot, tombant à genoux, il saisit à pleines mains les pieds nus du caïd et y appliqua sa joue longuement, en un geste câlin de muette et filiale vénération.

La grande force de Moha résida longtemps dans le respect et la soumission éperdue de tous ses enfants. Le Zaïani d'ailleurs avait raison dans sa rudesse brutale associée, il faut en convenir, à un sens politique certain. Il mata les asker peu à peu et les façonna à sa guise, tandis que passait, avec Moulay Hassan, l'heure du Makhzen. Quatre années plus tard, quand Abd-el-Aziz, successeur du grand Sultan, sous la tutelle du vizir Ba Ahmed, fit dire à Moha de lui rendre les soldats, il répondit :

— Dites à ce jeune homme que plusieurs de ceux dont il parle sont morts à mon service ; les autres sont mariés aux femmes de mon pays. Elles ne veulent pas les rendre.

Le Makhzen n'insista pas ; il ne payait plus.

———

Hassan se releva et vint prendre place auprès de son père. Celui-ci avait déjà retrouvé tout son calme lorsqu'un serviteur annonça :

— Ce sont les gens de Khenifra que tu as fait appeler.

— Ils sont trop nombreux pour les recevoir ici, dit le caïd qui se leva. Suivi de son fils, il sortit de la khima et gagna la kouba Makhzen dressée tout à côté.

Là, il s'assit sur un morceau de tapis, à l'entrée, le dos appuyé aux bagages qui remplissaient cette tente.

Les gens de Khenifra s'approchèrent. Ils formaient des groupes suivant leur origine ou leurs métiers. Les premiers qui s'accroupirent en cercle devant le chef prêt à les entendre furent les naturels de Boujad.

— Certes, Monsieur, dirent-ils en arabe, nous sommes les serviteurs de Sidi Mohammed Cherqui[17].

[17] La petite ville de Boujad, important relais commercial entre le bled Makhzen et le pays berbère, s'est groupée autour du tombeau d'un marabout, fameux Sidi Mohammed Cherqui, qui s'établit et mourut en cet endroit au milieu du XVIe siècle.

De lui nous nous réclamons.

— Parfait, dit Moha, saluez-le de ma part.

Cette boutade du chef berbère envoyant son salut à leur saint patron mort depuis longtemps déplut aux auditeurs. Le Zaïani avait voulu, dès l'abord, avertir qu'il était insensible aux recommandations religieuses. Mais les affaires sont les affaires et les pieux trafiquants s'accommodèrent sans hésiter de l'humeur profane du Berbère. Ils savaient celui-ci complètement incroyant, mais ils avaient besoin de ménager le chef de leur clientèle.

— C'est nous, reprit l'un d'eux parlant au nom de tous, qui fournissons la chaux qui manque totalement chez toi, dont Khenifra bâtit ses murs et dont vous faites aussi vos casbas. Nous avons droit à des égards.

— Qui vous a fait du tort ? dit Moha.

— La route n'est pas sûre.

— Venez en confiance, je punirai ceux qui vous inquiètent. Je vous donnerai des soldats pour protéger vos caravanes et garder votre marché, répondit le caïd. Vous nommerez un *amine* qui rendra parmi vous la justice commerciale et mon fils Hassan tranchera vos différends avec les gens de tribu. En échange, vous paierez chaque semaine vingt mitqals par boutique[18].

[18] A cette époque environ 4 francs de notre monnaie.

— Si nous payons trop, s'il n'y a pas de bénéfices, ceux qui nous commanditent ne nous laisseront plus venir, reprit l'orateur. La chaux n'arrivera plus à Khenifra.

— J'irai la prendre, dit brutalement Moha qui voulait couper court au chantage. Vous la vendez d'ailleurs assez cher. Allez ! ne vous plaignez pas. Les fusils qui protégeront votre peau et vos marchandises valent bien qu'on les paie. A d'autres !

D'un geste de la main il fit signe au premier groupe de s'écarter. Les commerçants se retirèrent en multipliant les saluts et les remerciements. Les corporations défilèrent ainsi devant le caïd et chacune se vit attribuer une protection, un arbitre et imposer une redevance. Telle fut la première organisation donnée par Moha au marché de Khenifra. Tout cela changera par la suite. Viendra la vieillesse du grand chef et alors se développeront autour de lui des ambitions plus jeunes qui se partageront Khenifra et ses bénéfices.

Moha, cette fois-là, régla donc d'autorité ces détails et termina par le groupe des commerçants fasis. La question fut avec eux plus délicate. Partout où il se rend, l'habitant de Fez transporte ses idées, ses goûts, ses méthodes. Il apparaît comme un être spécial, très affiné, très orgueilleux de sa réelle supériorité sur la masse, apte à tout mais toujours à sa manière ; il ne se modèle pas sur le milieu, il s'impose. Il est méprisant, retors, impénétrable. Il semble toujours attendre le salut et les avances de ceux dont il a le plus besoin. Il est très fort. Doublement sémite, mélange de races où le juif domine, mais un juif très longuement islamisé, il possède toute la force d'Israël qui a trouvé un point d'appui et le fond de son caractère est un étonnant mélange de religiosité fanatique et de toutes les facultés qu'exige le négoce. Par contre, il n'est pas du tout guerrier. Ainsi se présentèrent devant Moha un certain nombre de Fasis, commerçants autoritaires. C'étaient des fournisseurs de toutes choses et de gros clients acheteurs de bétail berbère.

Leurs premières revendications furent d'ordre religieux, car les affaires de ce monde passent après ce qui est dû à Dieu, qu'il soit exalté !

— Nous sommes venus, dirent-ils, dans ce pays sauvage, non seulement pour commercer, mais pour y développer la religion. Le prosélytisme est le grand devoir. Nous sommes croyants. Il n'y a chez vous rien qui ressemble à une mosquée. Nous ne savons où nous réunir. Nous ignorons où tes enfants apprennent à lire dans le livre saint. Nous avons besoin d'une mosquée, d'une Zaouïa, de fondations pieuses pour les entretenir. Il n'y a pas chez vous de cadi. Vous n'appliquez pas la loi respectée. Les gens ici vivent vraiment comme des païens. On ne se croirait pas chez des croyants.

Ce fut un concert de récriminations acerbes que Moha écouta d'ailleurs en souriant. C'était la kyrielle de critiques familière aux citadins qui, ayant une peur atroce du Berbère peu civilisé, se rattrapent en blâmant ses coutumes et son ignorance religieuse.

— Personne ne vous interdit de construire une mosquée et tout ce qu'il vous plaira. Vous paierez le terrain. Je l'ai en effet conquis par les armes et il est à la tribu. Payez aussi de vos deniers votre cadi et ses adoul, mais ne vous occupez pas de mes enfants, dit Moha. Ils sont à moi et pas à d'autres. J'en fais des guerriers ; vous voudriez en faire des tolba et des capons. Qui, alors, vous défendrait, vous autres ? Vos mains ne savent que compter des douros et égrener des chapelets. Voyez mon doigt, il s'est déformé sur la gâchette du fusil. Mais en voilà assez ; vous n'êtes pas venus seulement pour me demander des prières, je suppose ?

Leur manifestation pieuse terminée et sans insister davantage, les gens de Fez parlèrent d'affaires.

Ils obtinrent d'ailleurs, contre une taxe âprement discutée, toute l'aide qu'il était possible de leur donner. Moha n'ignorait pas l'intérêt qu'il avait à entretenir de bonnes relations avec les négociants fasis. De ce jour, en effet, commença une ère de richesse pour les Zaïane qui devinrent, avec leurs voisins les Aït Mguild, les grands fournisseurs de viande à la cité opulente de Fez. Sous la protection de Moha ou Hammou, grâce à la terreur qu'il inspirait aux coupeurs de route, durant des années, les troupeaux de moutons passèrent des plateaux dans la plaine et en toute sécurité. Les gens de Fez payaient en produits fabriqués, en argent et aussi en armes et cartouches achetées à bas prix aux asker du Makhzen ou importées par des Européens.

Et ainsi peu à peu se monta l'arsenal berbère.

Ces tractations terminées, le caïd réunit dans sa tente les chefs des groupes qui avaient paru devant lui. Il leur fit servir un repas et y prit part avec quelques hommes importants du douar. On apporta des quartiers de mouton rôtis embrochés sur de fortes baguettes de thuya au long desquelles la graisse brûlante coulait sur les doigts de ceux qui les tenaient. La tente s'emplit d'une odeur mixte de mouton et de résine fondue. Les convives, assis sur le sol à l'arabe, s'étaient groupés par trois ou quatre. Devant eux s'étalaient des linges graisseux destinés à servir de plats et sur lesquels on posa les viandes désembrochées. Un domestique lança de loin à chacun un pain d'orge que les mains attrapaient à la volée, en claquant sur la croûte encore tiède. Un autre, circulant entre les groupes, jeta sur les quartiers rôtis des poignées de sel terreux et de cumin.

— Bi smi'llah, au nom de Dieu ! dirent les hôtes.

Du pouce ils traçaient sur les pains une croix profonde, les rompaient et en donnaient les morceaux à leurs voisins. Puis les mains s'attaquèrent aux viandes et l'on se mit à manger. Parfois, au-dessus des têtes, un bras nu allongeait des doigts gras pour prendre un bol d'eau que tendait un serveur. L'homme buvait à fond, d'un seul trait, rendait la coupe vide et se remettait au pain et à la viande. Tout cela se faisait très vite et en silence, comme mangent des gens qui ont l'habitude du qui-vive et qui savent que les instants consacrés aux repas sont dérobés aux dangers de la route et de la vie nomade. Dès qu'un des convives était repu, il l'indiquait en se reculant du plat, laissant les autres à leur besogne. Puis chacun s'essuya les doigts dans le linge où les gens de la tente ramassèrent les restes pour les emporter. Tous ces primitifs se repaissaient ainsi sans contrainte et jusqu'à satiété. Seuls les citadins affinés que leurs affaires avaient conduits chez Moha se servaient avec quelques retenue et même échangeaient entre eux des signes de dédain, des réflexions sur la rudesse de leur entourage, le peu de confort du repas.

Enfin, chose rare à cette époque chez les Zaïane, on servit du thé sucré. Des gens apportèrent l'unique plateau en cuivre et le jeu de tasses qui existaient dans le douar. Ils appartenaient à El Hadj Haddou, frère du caïd, qui, étant allé à La Mecque, avait rapporté de son voyage quelques objets de luxe. Moha seul ne but pas de thé. Il avait peur du sucre pour avoir trouvé un jour un clou rouillé dans la masse cristalline d'un pain. Personne ne put lui chasser de l'esprit la conviction que les « chrétiens » — dont on parlait déjà — avaient voulu l'empoisonner. Durant une grande partie de son existence, il n'usa que du miel sauvage très commun chez les Zaïane. Ses fils pourtant, sur ses vieux jours, le décidèrent à manger du sucre devenu dans le dernier quart de siècle l'aliment de prédilection de tous les habitants du Moghreb.

Tandis que ses hôtes buvaient, Moha les interpella ainsi :

— Savez-vous que le sultan de Fez met en marche sa harka vers le Tafilelt ?

— Nous le savons, répondit celui qui représentait le groupe des commerçants fasis.

— Selon l'habitude, j'enverrai sur son passage une députation, car il ne viendra pas de notre côté. Moi-même, son allié, je resterai dans le pays pour surveiller les *chaïatine*, tous les fauteurs de trouble…

— C'est très juste, répondirent les commerçants qui ne tenaient pas à voir s'éloigner d'eux le chef garant de leur tranquillité.

— La députation, reprit Moha, n'ira pas les mains vides. Elle emportera d'abord mon cadeau personnel. Je vous dirai demain quelle sera la contribution des marchands de Khenifra.

Mobha n'en dit pas plus long et laissa ses hôtes à leurs réflexions. Il y eut des conciliabules à voix basse entre les négociants et ceux-ci, paraissant d'accord, se levèrent et prirent congé du caïd avec force remerciements pour son hospitalité et ses victuailles.

Mais à peine étaient-ils sortis que le délégué des Fasis rentra dans la tente où seuls demeuraient le caïd et son fils. La conversation reprit tout naturellement, à peine interrompue, sembla-t-il, par le départ des invités.

Le commerçant parla sans gêne aucune, en homme d'affaires qui sait ce qu'il veut :

— Je ne pense pas que tu puisses demander à tes tribus plus de mille douros. Tel est le chiffre auquel nous pensions quand tu nous disais ton projet.

— Admettons, dit Moha ; le temps surtout me manquera pour faire rentrer cette somme ; mes gens ne sont pas habitués à verser de l'argent à un sultan.

— Aussi serait-il préférable, si je comprends bien ta pensée, d'obtenir le cadeau sans en parler. Et comme Moha se taisait attendant la suite, l'homme continua :

— Les mille douros seront ici demain, in cha'llah ; mais il faudrait que les autres marchés de la montagne, je dis ceux qui sont sous ta main, fussent fermés durant trois mois.

— La chose est possible, reprit Moha, après une minute de réflexion.

Il était inutile d'en dire plus long. L'amine des marchands fasis se retira enchanté d'une combinaison qui rendait pour quelque temps le commerce de Khenifra maître du marché dans une grande et populeuse partie de la montagne. Et c'est ainsi que Moha ou Hammou fit, sans avoir besoin de le leur demander, payer un tribut au Sultan par les fiers et simples Zaïane. C'est ainsi que, du même coup, il assura l'essor et la prospérité de Khenifra, triste bourgade en terre battue, mais centre d'attraction commerciale bien placé, bien achalandé, où les farouches montagnards vont peu à peu prendre contact avec le monde extérieur...

———————

Son récit achevé, la vieille Itto était retournée à son travail, laissant Rabaha toute rêveuse et triste. La tornade de l'après-midi passa et secoua durement le douar sans que la fille du caïd parût s'en apercevoir. Réfugiée dans un coin, appuyée contre une pile de selles, la tête cachée dans son bras, Rabaha était restée insensible sans éprouver même le besoin instinctif d'éviter, en quittant la tente, d'être prise dessous, au piège, si elle s'abattait. Elle ne se joignit pas davantage à tous ceux qui, la bourrasque passée, s'efforcèrent de réparer le désordre. Fille du caïd, son absence du travail commun n'avait pas étonné.

Rabaha était d'une nature indépendante et, de plus, gâtée par tous. Elle avait cet âge puissant auquel on cède toujours et sa situation douloureuse d'enfant sans mère lui assurait l'intérêt ému des matrones. Celles-ci ne manquèrent pas de la morigéner, de lui reprocher l'imprudence commise en restant sous la toile, au risque d'être étouffée sous son poids. Elle rabroua tout le monde et réclama tante Itto.

Celle-ci ne tarda pas à paraître. Pour distraire la jeune fille de sa tristesse elle l'entraîna hors du douar.

— Viens, lui dit-elle, et chasse le chagrin qui durcit tes grands yeux, ma petite gazelle ; profitons un peu de la fraîcheur... viens, le moment où le jour va faire place à la nuit est propice à la divination ; j'ai des feuilles de henné dans ce mouchoir ; peut-être diront-elles, si Dieu veut, des choses qui apaiseront ton cœur et le mien.

Les deux femmes quittèrent la tente. Certes, la triste campagne roussie eût été peu engageante à la promenade pour des étrangers à ce rude pays. Mais Rabaha et sa vieille amie, dont l'existence nomade oscillait avec les saisons des grandes futaies de la montagne aux steppes broussailleuses du plateau, ne connaissaient pas d'autre horizon. Leur âme était le reflet même du pays sauvage qui les nourrissait et qu'elles aimaient sous tous ses aspects. Et bien singulière était, en cette fin de journée brûlante, la nature où vivaient leurs yeux.

Le soleil déclinant tout à fait montrait son globe énorme et rutilant au bout de la gorge où s'engage l'Oum er Rebia, en aval de Khenifra. Une grande masse de vibrante lumière rouge emplissait ce couloir entre monts et de là s'étalait sur la petite plaine, exagérant la couleur brique du sol. Puis les faisceaux rouges atteignaient le djebel Akellal boisé. Les masses vert sombre prenaient sous ce lavis une teinte neutre, étrange, non terrestre, d'où les grands conifères émergeaient découpant sur le ciel des silhouettes suspendues, bizarres dans l'air léger des montagnes, vision de quelque végétation inconnue dans l'atmosphère colorée d'une autre planète.

La vieille et la fillette qu'elle tenait par la main s'en furent au revers de la croupe où campait le grand douar. En passant, elles avaient vu autour de la tente du chef l'animation qu'y mettaient les audiences. La crête franchie, elles se trouvèrent seules dans la nature déserte et, les bruits familiers ayant cessé tout à coup, elles se turent n'osant parler, tant leurs voix devenaient fortes dans le silence. Devant elles maintenant, jusqu'au sillon d'oued desséché qui bordait la pente, s'étendait un champ de pierres dressées, sèches et drues, marquant les tombes anonymes d'un grand cimetière berbère, chose abandonnée et triste où ne règne même pas ce soin dans l'orientation des morts qu'observent les tribus arabes plus civilisées, plus musulmanes. Vers le milieu de la nécropole un arbre court, au tronc tors, étalait un dôme aplati de branches enmêlées garnies de quelques feuilles coriaces, chose laide, souffreteuse, couchée par le vent, séchée par le trop fort soleil, par le trop rude hiver, seule végétation ayant dans ce désert résisté à tout et aux hommes, arbre marabout enfin où venaient, en quête de réconfort mystique, les pauvres âmes sauvages du pays. Du sol rocheux sortaient d'énormes racines arquées soutenant ce monstrueux végétal échevelé. Et entre les souches, marquant la sépulture de quelque éponyme oublié, se dressaient des pierres, des *chouhoud*, si usées par le temps qu'on ne pouvait dire qui, du mort ou de l'arbre, était en ce lieu le plus antique.

Les deux femmes s'assirent sur une des grosses souches. Le soleil arrivait au fond du couloir de Tamescourt. Là se trouvent une zaouïa et quelques maisons dont les foyers allumés pour le repas du soir enfumaient légèrement le vallon obliquement illuminé. Tante Itto ouvrit son mouchoir.

— La journée a été triste pour toi, dit-elle à la jeune fille. J'ai dû te dire des choses qui t'ont peinée. Mais tu es jeune, les jours pour toi s'ajouteront aux jours et de ceux-ci beaucoup seront joyeux. Le henné va nous dire ce qu'il faut en penser. Prends dans ta main gauche fermée une poignée de ces feuilles bénies… mets ta main sur ta tête… sur ton front… sur ton sein. Que béni soit le prophète… que maudit soit Satan le lapidable ! Place ta main devant tes yeux et ouvre-la très doucement pour que les feuilles tombent lentement dans mes mains ouvertes, prêtes à les recevoir. Je regarde, je vois d'abord ces deux feuilles qui se chevauchent, signe de voyage et ce groupe tourbillonnant… une grande foule ; celles-ci qui s'accrochent à mes doigts pourtant large ouverts… l'argent ! Vois ces deux qui se posent à la base des pouces ; c'est le mariage qui t'attend, un beau mariage. Prends d'autres feuilles dans le mouchoir, verse, verse !

Et la vieille, ou plutôt la sorcière qui est en elle, excitée, suggestionnée par ses propres paroles saisit le henné des mains hésitantes de Rabaha. Elle verse les feuilles d'une de ses mains dans l'autre, regarde les mouvements, le miroitement du soleil sur ces choses délicates et sèches. Elle voit, elle prophétise en bouts de phrases nerveuses et rapides qui la secouent toute au passage, tandis que le soleil disparaît et que la nature à l'entour se décolore très vite dans le crépuscule africain très court.

— C'est entendu, tu quitteras tes frères… tu iras au delà des monts rejoindre ton sort… quel est-il ? Ah ! voilà… je te vois exposée… toute voilée dans une demeure brillante… des esclaves tiennent sur leur tête des sacs de grains, des plats de dattes, des coupes de lait ; des gens passent en grand nombre devant toi, osant à peine regarder. Voici le grand mur du Méchouar… toutes celles qui seront mariées le même jour sont rangées là, sur des mules aux harnais brillants, sous les grands haïks qui vous couvrent… On ne voit rien que des

- 133 -

choses blanches sur des selles de drap rouge et une foule d'esclaves vous protègent contre la foule qui passe et regarde, une fois, le harem hors des murs… C'est une coutume du Makhzen. Il faut que le peuple s'assure de temps à autre que le harem est bien vivant. J'ai vu cela à Marrakch certain jour où l'on maria une demi-douzaine de chorfa… Il n'y a pas de doute… tu es parmi celles que je distingue… Ah ! voici le signe de l'eau, des parfums… c'est le hammam des princesses… Ah ! que de femmes s'empressent autour de celles qui vont être épousées… Je vois… Je vois ton corps brillant qu'on lustre et qu'on épile, ton corps que si souvent j'ai tenu tout petit, tout nu sur mon sein… Et te voici parée, voilée de soie jusqu'aux pieds. Tu sors la première pour aller vers l'époux ; la *arifa*, la maîtresse des femmes te prend par la main, te guide, les youyous éclatent, les eunuques alignés dans les grands corridors gloussent de joie !… Rabaha ! Rabaha, tu seras femme d'un Sultan !…

La fillette au comble de l'émotion s'efforce de calmer sa vieille amie dont la surexcitation est extrême. Elle pose ses mains sur les épaules de tante Itto, puis l'enlace, cherche à l'entraîner, tandis que la servante à grands gestes disperse les feuilles de henné au vent du soir qui se lève, pour qu'elles ne puissent plus se réunir et parler, pour que soit fixé enfin le sort qu'elles ont prédit.

— En voilà assez !… viens, tante Itto… rentrons, j'ai peur.

Mais tante Itto s'est déjà reprise. Avec une force singulière, dans un élan d'amour, dernier effet de sa surexcitation, elle s'empare de sa protégée, la renverse sur ses bras, l'enlève sans effort et l'emporte vers le douar au travers des tombes que l'ombre envahit.

— Salut sur le Prophète ! Malédiction sur Satan, qu'il soit lapidé !… Tu seras Sultane, tu seras Sultane, je te dis ! chante la servante à l'oreille de l'enfant redevenue toute petite et pelotonnée dans ses bras.

— Oui…, mais alors je serai enfermée et on me mettra un voile sur la figure, répliqua doucement Rabaha.

Celle-ci se dégagea de l'affectueuse étreinte de la vieille. Toutes deux se tenant par la main passèrent la crête qui les séparait du douar et là elles s'arrêtèrent un instant. La nuit était venue ; des feux marquaient de points rouges l'emplacement des tentes et faisaient sur le versant noir une grande couronne brillante. Quelque chose d'important se passait dans le douar dont les femmes furent de suite averties par leurs yeux et leur instinct de nomade. Les hommes étaient certainement à cheval, des groupes se mouvaient en silence, masses un peu plus claires, un peu plus foncées dans l'ombre générale. Parfois un scintillement vibrait extrêmement fugitif sur l'acier d'une arme, d'un étrier, ou bien les feux s'éteignaient successivement derrière des formes qui s'assemblaient. Enfin, on n'entendait pas les voix des femmes très distinctes dans la nuit, quand la vie est normale.

— Il y a de la peur…, dit la vieille, rentrons vite.

En arrivant aux lisières du camp, elles perçurent des bruits vers la tente du caïd et se dirigèrent de ce côté.

———————————

Après le départ du marchand fasi, Hassan resta seul avec le caïd et l'entretint de divers détails intéressant la tribu. Mohand ou Hammou l'écoutait distraitement, absorbé sans doute par des réflexions plus importantes. C'était l'heure où Rabaha s'en allait avec la servante lire l'avenir dans les feuilles de henné.

La nuit vint et la tente s'éclaira d'une lanterne où brûlait une grosse bougie de cire colorée.

Un domestique entra et parla d'un bruit inaccoutumé de voix qui s'entendait dans le camp des soldats, de l'autre côté du gué, sous Khenifra.

L'homme sortit et revint peu après. Un groupe de ces soldats, dit-il, avait franchi le gué et parlant très fort se dirigeait vers le douar. On entendait dans la nuit leurs fusils tenus à la main et qui pendant la marche se choquaient.

Le caïd échangea un regard avec son fils. Celui-ci fit signe de la tête qu'il avait compris et sortit. Peu après les soldats approchèrent du campement. Pour arriver à la tente de Moha, il leur fallait pénétrer dans le douar envahi d'ombre. Ils étaient excités. On les entendait crier :

— Moha !… Moha ! où est le caïd Mohand ou Hammou ?

Mais ils hésitaient à entrer dans le grand rond mystérieux que dessinaient les feux du soir. Le serviteur se présenta à nouveau devant le caïd et attendit silencieux.

— Laissez-les passer, dit seulement celui-ci.

Encouragés par l'invite qui leur fut faite, les mutins entrèrent dans le douar et derrière eux se ferma la Zeriba, la formidable haie aux longues épines, celle qui servait déjà de défense aux Numides de Jugurtha, *oppidum impenetrabile*, disaient les Latins. Plusieurs soldats d'ailleurs s'abstinrent de suivre la bande. Celle-ci comportait une vingtaine d'hommes menés par le caïd mia El Maati dont Moha avait demandé la fille en mariage.

Le douar était silencieux, l'obscurité complète et rien ne semblait vivre que les feux qui avaient servi au repas du soir et lentement s'éteignaient ; mais ils étaient nombreux et, par leur écartement, leur distance, indiquaient l'ampleur du campement. Le groupe des soldats se trouva isolé, plongé dans le noir et les voix irritées baissèrent le ton.

Comme ils ne pouvaient s'orienter sans guide vers la tente du caïd, ils oscillèrent quelque temps dans la nuit. Ils tombèrent ainsi successivement sur des lignes de chevaux à l'attache. Ils s'en écartaient mais non sans avoir remarqué, tout contre l'épaule de chaque bête, un homme accroupi, silencieux, disparaissant dans ses nippes, pose bien connue du Berbère alerté, prêt à tout, soit à bondir en fantassin au cri d'appel, soit à délier l'entrave et à sauter à cheval. Ce qui les inquiétait le plus était l'absence de tout bruit. Les chiens hurleurs même s'étaient tus, probablement rattrapés par les femmes et ramenés sous les tentes. Enfin, dans leur ronde hésitante, ils distinguèrent la tache plus claire que faisait la koubba de commandement et se dirigèrent de ce côté. Ils rencontrèrent alors quatre serviteurs du caïd qui les guidèrent. Devant la tente où tous voulaient entrer il y eut une bousculade et des mots de dispute. Enfin, filtrés par les Berbères qui sortaient de l'ombre de plus en plus nombreux, dix soldats pénétrèrent chez Moha. Là ils s'accroupirent, autant par l'effet de l'habitude makhzen qui ne tolère pas qu'un plaignant parle debout, que pour obéir aux serviteurs du caïd qui étaient prêts à les y contraindre.

Moha était immobile, assis seul sur son matelas au fond de la tente mal éclairée.

— Qu'avez-vous ? dit-il.

Personne ne répondit tout d'abord. Les soldats se sentaient pris. Parvenus au but de leur démarche, ils éprouvaient l'angoisse de s'être fourvoyés trop près de la gueule du loup et tout cela pour la fille d'El Maati dont ils n'avaient cure, en somme. Mais, comme ils étaient braves au fond, ils retrouvèrent vite leur aplomb et jouèrent leur rôle.

Ils se mirent donc à exposer leurs griefs. Ils parlaient tous ensemble, les voix se haussaient, ils juraient sur leurs fusils. Certes ils s'intéressaient spécialement peu à la fille d'El Maati, disaient-ils, mais il y avait une question de principe qui se posait et dont ils faisaient juges Sidi Bel Abbès, patron de Marrakch et de tous les gens du Haouz dont ils étaient. Le caïd changeait de femme comme de burnous. Libre à lui de le faire dans sa tribu. Mais pourquoi demandait-il aussi les filles des soldats du Makhzen ? Quelle garantie avait-on que celles-ci seraient traitées en femmes légitimes ? N'avait-il pas déjà dépassé le nombre de ce que tout musulman peut avoir ?

— Nous ne voulons pas que nos filles subissent tes fantaisies, lui criait-on. Tu feras de nous tous tes ennemis !

A ce moment, il y eut dehors une forte bousculade. La tente trembla sur ses piquets heurtés par des gens luttant dans l'obscurité. Les hommes d'Hassan s'étaient jetés en nombre sur les soldats restés à l'extérieur, les avaient maîtrisés et ligotés.

Ceux qui péroraient devant Moha, fixés sur le sort qui les attendait, devinrent furieux. Ils se mirent à injurier le caïd qui, impassible, regardait, écoutait sans dire un mot. Les serviteurs, silencieux comme leur maître, attendant de lui un geste, surveillaient les mutins.

— Nous sommes entre tes mains, lui crièrent les soldats, mais demain tu seras l'ennemi du Makhzen.

— Le Sultan a d'autres soldats que nous.

— Tu n'es qu'un caïd de chacals.

— Nous sommes pour Dieu et sa justice.

— Nous tuerons nos filles, tu ne les auras pas.

Dans le vacarme des voix on entendit le bruit d'une culasse de fusil qui se fermait. Il y eut une bousculade des serviteurs vers un des soldats qui s'était levé, une lutte pour arracher un fusil des mains d'un surexcité, des protestations de la part du groupe des plus raisonnables.

— Sors-le ! nous sommes venus pour parler, non pour tuer.

— El Maati, c'est toi qui es cause de tout cela, qui nous as entraînés.

— Ce sont les autres qui m'ont dit que le caïd prenait les filles des soldats sans les payer.

— Nous avons nos coutumes, tu dois les respecter, caïd !

— Prenez ses cartouches aussi, vous voyez bien qu'il est ivre de kif !

— Nous sommes venus raisonnablement discuter nos intérêts.

La vigueur des interpellations fléchissait, nettement gênée par le silence de Moha. Celui-ci, dans un calme impressionnant, attendait pour sortir ses arguments que les soldats eussent achevé d'user les leurs. Et voici que, soudain, Rabaha fille du caïd parut à côté de celui-ci.

La fillette et la vieille attirées par le bruit avaient, en rentrant au douar, marché droit vers la tente du chef. Rabaha entendit des voix étrangères qui apostrophaient et injuriaient son père. Elle se sentit outragée dans son orgueil filial et sa nature ardente réagit aussitôt. Elle voulut voir. Échappant à la vieille elle se jeta à plat sur le sol et, d'une seule reptation, se glissa sous la tente.

— Qu'avez-vous, vous autres ? cria-t-elle furieuse aux soldats.

Cette apostrophe subite suspendit les clameurs.

— Éloigne cette fille, caïd, dit un des hommes, pour que nous puissions parler sans honte.

Moha avait ri en apercevant Rabaha. Il la prit à la taille et, la forçant de s'asseoir près de lui, il la tint serrée dans son bras.

Puis rompant enfin son silence inquiétant :

— Elle a bien fait de venir, fit-il et il y a assez longtemps que vous parlez, taisez-vous ! Vous me dites des injures et vous vous réclamez du Sultan. Vous oubliez que je suis son grand ami. Vous ignorez qu'il m'a donné le commandement de toutes ces montagnes au moment où lui-même se rend au Tafilelt vers les tombeaux de ses ancêtres. Vous méprisez mon alliance et vous venez me narguer, me menacer du Sultan. Sachez qu'il ne partage pas votre mépris pour ma race. Voici Rabaha, ma fille, la plus belle, la plus chère. Elle partira demain sous bonne escorte dont vous ne serez pas, enfants mal nés que vous êtes. Elle rejoindra le Sultan à qui je l'envoie pour épouse, ne pouvant, que je sache, lui offrir un plus beau cadeau, un plus beau gage de mon amitié. Elle dira à son maître ce que vous êtes, et j'attendrai pour vous punir de vos insultes et de votre mépris qu'il me fasse connaître, puisque vous êtes à lui, le châtiment qu'il vous destine.

A ce moment, les soldats, d'un commun mouvement, se jetèrent pour le rouer de coups sur le caïd mia El Maati, cause de tout le mal. Celui-ci aplati contre terre criait : « Je me repens, je ne le ferai plus, *ana mtaïeb lillah* ! » Dans une dernière bousculade les serviteurs jetèrent dehors les soldats persuadés qu'il leur fallait, pour apaiser le Sultan, envoyer le plus tôt possible au caïd la fille d'El Maati, ce gredin, cet enfant du péché.

Moha resté seul regarda Rabaha subitement devenue lourde sur son épaule et vit qu'elle était évanouie. Des femmes accourues l'emportèrent, et Brahim el Islami, le juif converti, réapparut.

Moha lui dit :

— Tu apprendras ce que j'ai décidé… au rendez-vous de Mahbouba tu seras seul et tu lui diras qu'en punition de ses péchés sa fille est désormais morte pour elle.

— Le harem ne rend jamais ce qu'il reçoit, répondit Brahim, montrant que déjà on connaissait au dehors la résolution du maître.

Mahbouba, mère de Rabaha, avait promis à Brahim le converti de lui donner toute une série de bijoux en argent qu'elle possédait, s'il lui amenait sa fille au rendez-vous fixé. L'homme avait demandé des arrhes et reçu une lourde paire de bracelets. Confiante dans les promesses de l'espion qui lui avait d'autres fois apporté des nouvelles de son enfant, Mahbouba prépara sa fuite et, prenant quelques jours d'avance, quitta en pleine nuit le campement de Sidi Ali. Celui-ci, comme on l'a vu, s'était installé alors, pour de graves raisons politiques, entre Tounfit et Arbala, où les deux Atlas semblent vouloir se souder, nœud géographique extrêmement curieux et important d'où partent les grands oueds tributaires de la Méditerranée ou de l'Océan, centre aussi de toutes les hordes berbères qui reconnaissent l'autorité religieuse du santon. Schématiquement considérés, les mouvements compliqués du terrain se résument, au point de tangence des deux chaînes, en un col d'où descendent vers l'ouest la vallée de l'oued el Abid, vers l'est la Moulouya.

Annonçant l'automne, un premier souffle de vent d'ouest très haut avait poussé cette nuit-là une grosse nuée vers le continent. Celle-ci passa au-dessus de la plaine de Marrakch brûlante, prise depuis des semaines dans le jeu circulaire de ses courants locaux qui, très bas, y promènent des colonnes de poussière chaude. Puis, après quelque hésitation devant le mur gênant de l'Atlas, la nuée passa en s'étirant entre les montagnes de Demnat et l'Oum er Rebia et s'engouffra dans la vallée de l'oued el Abid. Là, les masses épaisses s'empilèrent, maintenues entre les deux hautes chaînes, poussées par le souffle porteur, contenues par la pression atmosphérique, et tout ce qui par là formait le sol ou en sortait fut noyé, imprégné de vapeur froide. Puis soudain, dans sa montée lente, la grosse nuée rencontra la dépression large, plus unie du grand col et, sur le vent qui s'y étalait, le nuage fila en s'allongeant vers l'est jusqu'à ce que, après des kilomètres de fuite et de course en volute, les vapeurs rencontrèrent le sol descendant. Alors la nuée de l'oued el Abid coula dans la Moulouya, s'étala dans la vallée plus vaste, y formant une longue et épaisse nappe qui, oscillant à la recherche de son équilibre, finit par s'établir vers mille mètres, marquant aux flancs des grands monts une courbe maîtresse comme jamais topographe n'en traça. Enfin, rupture se fit entre les masses nuageuses des deux vallées ; le col vit les étoiles du ciel et le douar de Sidi Ali apparut ruisselant. L'aurore vint et une voix s'éleva clamant la grandeur de Dieu, rappelant qu'il faut le connaître et le prier.

A ce moment Mahbouba était déjà loin. Elle n'était pas de celles en effet qu'un brouillard peut gêner dans une galopade entre ronces et rochers. Elle jugea même que ce nuage qui facilitait son départ était d'un heureux présage pour la suite de ses projets.

Mahbouba partit donc de ce pas énergique et agile des montagnards marocains, inlassables marcheurs que la neige seule, un peu épaisse, arrête dans leur continuel va-et-vient. Elle ne paraissait pas gênée par le poids du mouton qu'elle emportait en travers de son cou et de ses épaules et dont ses mains tenaient les pattes ramenées sur sa poitrine. L'animal n'aurait pas suivi. Il lui fallait l'éloigner ainsi à quelque distance du troupeau ; après quoi, elle pourrait le pousser devant elle avec une badine. Ce mouton devait jouer un rôle important dans son exil volontaire. Elle comptait, dès qu'elle atteindrait un douar des Beni Mguild transhumant, sacrifier l'animal devant la tente d'un notable et obtenir ainsi droit d'asile et de séjour pour elle et sa fille.

Ces sortes d'émigration sont fréquentes dans les tribus de montagne. La coutume berbère, bâtie au profit de la communauté, est dure pour l'individu. Nombreux sont les cas où, aux prises avec les siens, l'homme n'a d'autre ressource que l'exil. La femme en fuite a d'ailleurs ce privilège d'être toujours accueillie immédiatement. Pour le chef de tente qui la reçoit, qu'il en fasse une épouse ou la cède à un autre en mariage, c'est un capital qui tombe du ciel. Pour la communauté, c'est un renfort de travail sans frais aucun.

L'adoption de l'homme étranger par une tribu est sujet à plus de difficultés. Avant d'acquérir le droit de cité et surtout le droit à la terre, il lui faut prouver qu'il est utile, avoir par exemple combattu pour son nouveau clan, attester qu'il n'est pas un simple parasite et même chez certaines fractions, avoir procréé un enfant mâle. Définitivement admis, chef de foyer il conservera pourtant le nom de sa tribu d'origine, ses enfants aussi, et l'assimilation ne sera complète qu'à la deuxième génération. Le régime plus simple appliqué aux femmes, la faiblesse du lien matrimonial provoquent de constantes fuites, et Mahbouba n'avait aucune appréhension sur l'accueil qui l'attendait. Il est même probable, ayant eu tout loisir de s'en occuper, qu'elle connaissait parfaitement l'homme chez qui elle sacrifierait son mouton et qui la ferait sienne sans autre embarras.

Mahbouba suivit la piste qui mène au col, au Tizi M'rachou. Ce chemin, d'ailleurs facile, court à mi-crête, tantôt sur un versant, tantôt sur l'autre. Il n'y a point là de grande forêt, mais des taillis de karrouch, de petits chênes à glands. On a de quoi manger tout le long de la route. En cas de danger, on peut grimper sur les chênes plus développés qui, de place en place, émergent des buissons. La piste qui emprunte le territoire de différentes tribus est en *no man's land*; on ne poursuit pas les crimes qui s'y commettent. On y marche dans une solitude effarante, l'oreille tendue. Pour souffler, on s'arrête et l'on se cache.

Selon le versant où l'on se trouve, la vue découvre au nord l'Arrougou des Aït Ihand, le Kerrouchen des Zaïane ou bien, au sud, l'enclave des Aït Yahia vers Arbala, l'Azerzou des Aït Ihand et la grande chose imprécise qu'est la plaine de la Moulouya vue à cette distance et de cette altitude. Mais la piste est ainsi tracée par des générations de piétons cherchant le moindre effort qu'il ne paraît pas que l'on soit en montagne.

Retardée par son mouton, il fallait à Mahbouba deux journées de marche pour atteindre le Tizi M'rachou où Brahim devait lui amener sa fille. Avant la fin du premier jour, la mère de Rabaha, jugeant avoir fait une bonne moitié du chemin et lasse quelque peu, se mit en quête d'un abri pour la nuit. Elle n'avait rencontré que deux Zaïane éventés à temps et dont elle s'était sans peine cachée. Personne du groupe qu'elle quittait ne l'avait poursuivie. Elle s'arrêta au bord d'un formidable éboulis qui, d'un faîte rocheux, avait dévalé sur une pente raide vers le sud. Une herbe à mouton couvrait le sol entre les blocs épars ou accolés, ou empilés. De l'eau suintait sous la végétation et se rassemblait plus bas, en une petite nappe qui scintillait. Et l'œil exercé de la Berbère, parmi les grosses pierres jonchant le sol, découvrit des moutons qui pourtant de loin leur ressemblaient beaucoup.

Mahbouba fut heureuse à la pensée qu'elle ne passerait pas la nuit seule dans ces lieux. Son mouton s'égaillant tira sur la longe qui l'attachait à une racine, puis, libéré, partit en bondissant vers le troupeau. Mahbouba chercha des yeux le berger, le vit couché parmi les ronces et les pierres et marcha vers lui. Elle le reconnut ; c'était un jeune homme de moins de vingt ans appartenant aux Aït Ihend, sa tribu à elle.

Étendu, les coudes en l'air, les deux mains sous la tête, le jeune homme la vit venir et s'arrêter devant lui.

— Hôte de Dieu, dit-elle.

— Tu es Mahbouba la Hihendiya, dit l'homme ; que t'arrive-t-il ?

— Tu es Raho, dit Mahbouba ; à qui le troupeau ?

— A Ichou fils de Hazoun, de chez nous ; où vas-tu ?

— Qui garde avec toi l'azib ?

— C'est le hartani d'Ichou ; c'est lui qui a le fusil.

— Je le connais, va lui dire que je suis là.

— Non, car il te prendrait pour lui.

— Penses-tu valoir autant qu'un homme ? dit la femme en s'approchant.

Le berger alors se dressa à demi, saisit la femme par ses vêtements à la poitrine et l'attira sur le sol à son côté.

Mahbouba se livra, désormais sûre de la discrétion de son hôte.

Puis celui-ci la tenant toujours l'entraîna d'une main rude vers la muraille de rochers. Là une excavation s'ouvrait où ils entrèrent. C'était, découpé par les bergers dans une pierre plus tendre noyée dans la masse, un refuge assez vaste où se terrait le troupeau en cas de mauvais temps, en cas d'alerte aussi. Le sol, mélange de terre et de fiente accumulée, piétinée, était souple. La surface était couverte d'empreintes faites par les pieds des moutons en quelque jour humide et depuis séchées. Il y avait un foyer de trois pierres, une grossière marmite en argile très rouge, des toisons servant de couche au gardien.

La femme réveilla une braise qui couvait, des ronces sèches flambèrent, puis une souche qui brûla en fumant. L'homme la regardait les yeux brillants, les lèvres entr'ouvertes sur une dentition toute blanche.

— J'ai faim, dit Mahbouba.

— Attends, dit le berger. Il sortit aussitôt, traîna devant l'entrée de la grotte une masse épaisse de ronces et disparut.

La Berbère s'assoupit sur les toisons dans la salle enfumée. L'homme resta longtemps absent. Il lui fallut ramener le troupeau au parc et attendre le hartani qui était allé assez loin, au douar, chercher la nourriture. Quand ils eurent mangé, il dut attendre que son compagnon fût endormi sous la guittoun de garde. Raho alors revint à la grotte, réveilla la femme et lui donna à manger des galettes de farine d'orge et de blé. Il lui donna aussi du miel sauvage retiré pour la circonstance d'un creux de rocher où il le cachait. Et, parce qu'il faisait nuit noire, il alla lui-même au dehors chercher l'eau dont elle s'abreuva.

Mahbouba resta deux jours avec cette brute dont la jeune vigueur lui plaisait. Comme ses pareilles de la montagne, elle n'était pas vicieuse, mais nantie d'appétits violents dont la satisfaction lui semblait normale et non susceptible de contrainte.

Le matin du troisième jour avant l'aube, laissant son hôte profondément rassasié et endormi, elle sortit de la grotte avec son mouton réclamé la veille au berger qui, sans méfiance, le lui avait rendu. Son premier soin fut d'aller à la flaque d'eau et d'y patauger à son aise, sans souci aucun de la température, sans peur de la nuit. Elle riait même de sentir son mouton trembler au bout de la corde. Un chacal aboyait, une hyène pleurait au fond du vallon sous des arbres. Droite, nue au bord de la mare, la femme s'étira, tordit le buste sur ses hanches, puis, pour rompre le silence, elle lança un ululement de chouette admirablement imité auquel un autre nocturne, au loin, répondit. Souriante de son succès, elle rajusta contre sa cuisse les deux lanières qui y plaquaient le couteau dans une gaine de cuir, elle reprit ses vêtements et retrempée, vigoureuse, elle partit.

L'aube gagnait permettant de discerner la nature. Mahbouba repassa devant la grotte ; elle rit en pensant à l'homme et plus encore en palpant dans un pan de son haïk les galettes, le rayon de miel qu'elle lui volait et dont elle se nourrirait en route, vers le Tizi M'rachou où Brahim, le juif islamisé, confident de Moha, devait lui amener sa fille.

Le chemin qui monte du pays Zaïane au Tizi M'rachou est très dur et raboteux. C'est un sentier raide qui tortille entre des rocailles, au creux d'un thalweg, où ces blocs ont croulé des murailles bordantes. C'est le passage obligé de qui veut aller du haut Oum er Rebia à la Moulouya par Itzer. Cette piste marque aussi une séparation nette entre deux contrées très différentes d'aspect.

A l'est, à la gauche de qui monte vers le col, le cèdre règne en pleine végétation. C'est la fin de la forêt qui partant des sources de l'oued Ifrane, au sud de Meknès, passe par Azrou, Aïn Leuh, domine El Hammam, atteint le haut pays Zaïane en amont de Khenifra, couvrant plus ou moins ce que les gens du pays appellent le Dir, le poitrail, et que nous savons être un puissant contrefort volcanique du Moyen Atlas.

A l'ouest du sentier l'aspect change. Le grand cèdre a disparu et aussi les mouvements abrupts, les ressauts violents de l'âpre montagne. Le chêne zéen, en broussailles peu élevées, couvre jusqu'à El Kebbab les mouvements d'un sol moins tourmenté.

Dès les premières pluies, le schiste effrité, réduit en poudre sur la piste, se transforme en boue glissante. Les mulets chargés, les chevaux passent à grand'peine par ce ravin qui est aussi un coupe-gorge redouté, un coin farouche dans un site d'une tristesse angoissante.

C'est par là que chemina l'escorte qui portait au grand Sultan Moulay Hassan les cadeaux du Zaïani et lui conduisait Rabaha. C'est au col de Tizi M'rachou que Mahbouba avait dit à Brahim El Islami de lui amener sa fille. C'est là que se termina le drame, objet de ce récit.

Si la route est pénible pour parvenir au Tizi M'rachou, elle devient par contre très facile au delà du col. Pour gagner la Moulouya, elle passe, en pentes douces, entre des mouvements de terrain peu accentués et complètement dénudés de végétation forestière. Le col même est marqué par un dernier piton volcanique boisé visible de loin. Le sentier contourne en ce point un bloc énorme détaché de la montagne. Un cèdre, le dernier de la forêt, a dressé son tronc robuste contre le rocher et l'une de ses maîtresses branches, passant à hauteur d'homme au-dessus de celui-ci, pousse son vigoureux rameau sur la piste. Une petite source naissant à la base de la grosse pierre y a creusé une niche tapissée de fougères. Les passants ont tracé un sillon par lequel le mince filet d'eau s'amasse dans le creux naturel d'une roche affleurante. Là s'abreuvent hommes et bêtes fatigués de la dure montée.

Du haut du rocher, à deux mètres environ au-dessus de la piste, le regard jusqu'alors retenu, absorbé par la majestueuse grandeur de la forêt découvre à perte de vue, sans obstacle, la plaine immense de la Moulouya où rien ne pousse. Le contraste est frappant. Seule subsiste égale la sensation d'isolement et de peine que donne le bled sans vie humaine apparente, sans trace d'habitation. Aussi la vue court-elle aussitôt vers l'horizon lointain où de belles choses l'attirent. C'est, au sud-est, le formidable djebel Ayachi dont la longue crête, en été au moins, pousse au travers des neiges ses dents de granit rose ; au sud la montagne des Aït Haddidou montre sa teinte sombre, indice de végétation forestière. Ce sont ensuite les deux pitons voisins, l'Oujjit et le Toujjit où la Moulouya, croit-on, prend sa source...

Mahbouba juchée sur le grand roc, abritée du soleil par la branche chevelue du cèdre mauritanien, attendait sa fille et surveillait une longue partie du vallon où gravissait la piste. Parfois pour détendre ses muscles, calmer ses nerfs irrités de l'attente, elle saisissait le rameau géant tendu au-dessus d'elle, s'y suspendait, s'évertuait à le secouer, à le fléchir. Il arriva enfin qu'elle aperçut Brahim qui péniblement, un bâton à la main, montait l'âpre côte. L'homme était seul... Il ne précédait personne... Alors, presque sûre de son malheur, exaspérée, remuant déjà dans son esprit troublé des idées de désespoir, Mahbouba s'allongea sur la plate-forme du roc et, les deux coudes devant elle, la tête dans ses mains, les yeux vers l'homme qui venait, elle attendit silencieuse, dans une pose de sphinx.

Brahim vit les deux coudes et les mains portant une tête qui dépassait un peu le bord du rocher et où des yeux immenses le regardaient. Il s'approcha tout près et, ayant reconnu la mère de Rabaha, lui dit :

— Mahbouba, écoute ce qu'a ordonné ton maître le caïd Moha ou Hammou... Mahbouba, m'entends-tu ? Pourquoi me regardes-tu sans parler ? Vois, je n'ai pas amené ta fille. Le caïd a dit... le caïd n'a pas voulu. Il a donné Rabaha au sultan des Arabes... Est-ce que tu entends, Mahbouba ? Ta fille appartient au harem... Elle n'en sortira plus jamais. Ce n'est pas la peine d'attendre. Je ne serais pas venu, mais le caïd a voulu que je vienne te dire cela. C'est ta punition, comprends-tu ?...

Il parut à Brahim que la femme silencieuse bougeait, que le sphinx se ramassait sur lui-même. Comme une panthère s'élance et tombe sur la vache égarée, Mahbouba s'abattit du roc sur l'homme. Celui-ci tint bon sous le poids, mais s'écroula sous le choc d'un couteau qui lui trouait la gorge.

Les deux corps se séparèrent ; la femme roula jusque dans la petite source, tandis que Brahim suffoquait, les deux mains à son cou. Mahbouba alors s'avança. Elle cloua au sol les mains à coups de couteau, puis elle s'acharna à la façon des femmes berbères et laissa, pour finir, l'arme dans le ventre du mort.

Sa justice personnelle satisfaite, Mahbouba, sans plus regarder sa victime, lava dans la source ses mains rouges. Puis elle retira la corde dont son mouton était attaché à une racine et regrimpa sur son roc. De là elle passa sur la branche du cèdre, rampa vers l'extrémité qui à peine fléchissait, y attacha solidement la corde, s'entoura le cou d'une boucle et, sans aucune hésitation, se laissa choir dans le vide. L'énorme branche oscilla verticalement, puis reprit très vite son immuable pose végétative au-dessus du roc et du sentier.

Les premiers chacals venus dévorèrent le cadavre gisant. Les autres s'efforcèrent par des sauts d'atteindre le corps suspendu trop haut pour la détente de leurs jarrets. Ils furent dérangés d'ailleurs par l'arrivée de deux cavaliers zaïane. Ceux-ci regardèrent les restes immondes et la femme pendue, se consultèrent et revinrent sur leurs pas.

C'étaient les vedettes d'avant-garde d'un convoi qu'il fallait faire passer sans risques et sans bataille, car il portait les cadeaux du Zaïani à Moulay Hassan et conduisait au harem chérifien Rabaha, fille de l'amrar.

Celle-ci ne sut rien de ce que dirent les vedettes à Si Qacem el Bokhari, caïd des soldats du Makhzen et chef du convoi. Celui-ci ordonna que ce jour-là on n'irait pas plus loin et l'on campa où l'on était, à mi-chemin du Tizi M'rachou.

Pendant la nuit, une équipe dirigée par Si Qacem lui-même procéda à l'ensevelissement de Mahbouba. Sur sa tombe, bien peu profonde au bord du sentier, on mit beaucoup de pierres petites et grandes. C'est l'habitude en ce pays d'élever de ces sortes de tas appelés *kerkour* aux points importants, tels qu'un col, à l'endroit spécialement d'où le voyageur peut voir à la fois les deux versants et les deux horizons. Les gens qui passent ajoutent une pierre. On dit aussi que certains de ces monuments recouvrent des trésors. Mais en réalité l'instinct du primitif lui apprend à jalonner ainsi pour l'hiver les pistes, les passages que la neige peut couvrir. Celui-là s'appela le kerkour de Mahbouba.

Le lendemain, le petit convoi franchit le Tizi M'rachou. Rabaha était sur une mule bâtée d'un *halles* plat. Elle était assise sur le devant, les jambes pendantes du même côté de l'encolure. Derrière elle, à califourchon et la tenant par la taille se cramponnait Oumbirika, jeune négresse que le Zaïani avait donné à sa fille comme servante et compagne et qui allait la suivre au harem. Deux piétons zaïane guidaient la mule et surveillaient l'équilibre de son chargement. Quatre autres bêtes suivaient portant le campement et les cadeaux pour le Sultan.

Quand la mule qui portait Rabaha passa devant le kerkour couvrant la tombe fraîche, elle fit un écart peureux, sans doute par l'effet d'un de ces instincts où l'animal est parfois supérieur à l'homme. Rabaha faillit tomber, se rattrapa avec de petits cris où il y avait plus de coquetterie que de peur, car c'était une luronne peu timide. Puis elle aperçut tout d'un coup la grande vallée de la Moulouya aux larges ondulations dénudées. L'enfant eut la sensation qu'elle entrait dans un monde inconnu, qu'elle entamait une vie nouvelle. Elle s'assit alors sur le côté du bât de façon à regarder derrière elle et, aussi longtemps qu'elle put les voir, le cœur serré, elle contempla ses montagnes qui s'éloignaient et les hautes cimes des cèdres qui l'une après l'autre disparaissaient.

Dans la longue et belle histoire de Moha, fils de Hammou, l'épisode qui précède marque la fin de l'influence des sultans sur le pays Zaïane et sur tout le Maroc central. Le chef berbère devenu puissant avec l'aide du Makhzen va s'affranchir de toute tutelle. Moulay Hassan, souverain guerrier et fin politique, mourra au retour de son expédition au Sahara.

Et depuis lors personne à la cour chérifienne n'osera parler de franchir à nouveau l'Atlas et de dompter les Berbères.

Ceux-ci, à leur aise, pourront ainsi se livrer à leurs querelles intestines.

Moha ou Hammou continuera à combattre en montagne l'influence maraboutique d'Ali Amhaouch, mais il demeurera le maître incontesté des Zaïane qu'il disciplinera à ses ordres par des procédés d'ailleurs fort despotiques.

Il donnera à ce peuple une cohésion et des armes et le mettra sur le pied de guerre où nous l'avons trouvé.

Les Français, en effet, apparaîtront à leur tour, et le vieux chef soutiendra contre eux une lutte épique vraiment digne d'admiration et qui dure encore.

Nous raconterons cela aussi, un de ces jours, si Allah y consent. Qu'il soit loué, en tout cas, pour les belles choses qu'il nous a donné de voir et d'entendre au pays de Moha, au pays de Rabaha, fille de l'amrar !